KB266138

녹색가치
소비전환
실천리더
2급 **1**

녹색가치 소비전환 실천리더 2급 **1**

KN541 소비가 문명을 만든다

1판 1쇄 발행 2026년 4월 30일

저자 정차조

교정 주현강   **편집** 양보람   **마케팅·지원** 조아라
펴낸곳 (주)하움출판사   **펴낸이** 문현광

이메일 haum1000@naver.com   **홈페이지** haum.kr
블로그 blog.naver.com/haum1000   **인스타그램** @haum1007

ISBN 979-11-7374-407-5(13320)

녹색가치 소비전환

실천리더 2급 1

Global Edition – Leader Training Textbook

KN541 소비가 문명을 만든다

이 책의 역할은 단순 설명서가 아닙니다.

이 책은 다음 세 가지 역할을 수행합니다.

경제 패러다임을 이해하게 한다.
KN541 철학을 이해하게 한다.
실천리더를 만든다.

즉, 이 책은

경제 이해 → 공감 → 참여

로 이어지는 학습 구조를 만듭니다.

우리는 지금 어떤 시대에 살고 있는가

인류의 역사는 문명 전환의 역사다.

농업 혁명은
인류를 정착 사회로 만들었다.

사람들은 땅을 경작하기 시작했고
마을과 도시가 생겨났다.

그다음 등장한 것이
산업 혁명이다.

산업 혁명은
기계와 공장을 중심으로
대량 생산 경제를 만들었다.

이 변화는
인류의 생활을 근본적으로 바꾸었다.

사람들은 농촌을 떠나 도시로 이동했고
기업과 공장이 경제의 중심이 되었다.

그리고 지금 우리는
또 하나의 전환점에 서 있다.

바로 디지털 문명이다.

인터넷과 모바일 기술은
사람들을 서로 연결했다.

이 연결은 단순한 통신의 변화가 아니다.

이것은
경제 구조 자체를 바꾸는 변화다.

과거에는
기업이 시장을 만들었다.

기업이 상품을 생산하고
광고를 통해 소비자를 설득했다.

그러나 오늘날 시장은
점점 다른 방향으로 움직이고 있다.

사람들이 서로 연결되면서
시장 정보는 빠르게 공유된다.

소비자는
더 이상 수동적인 존재가 아니다.

소비자는

정보를 공유하고
경험을 전달하며
시장 선택에 영향을 준다.

이것이 바로

소비 주권 시대다.

문명의 전환

1장

문명은 어떻게 바뀌는가

인류의 역사를 이해하려면
먼저 문명의 변화를 이해해야 한다.

문명은 단순히 기술의 발전이 아니라
경제 구조의 변화와 함께 이루어진다.

경제 구조가 바뀌면
사람들의 생활 방식도 바뀐다.

사회 구조도 바뀐다.
권력 구조도 바뀐다.

그래서 경제 구조는
문명의 중심이라고 할 수 있다.

농업 문명

농업 혁명 이전의 인류는
주로 수렵과 채집을 통해 생활했다.

그러나 약 1만 년 전
인류는 농업을 시작했다.

농업은

인류에게 정착 생활을 가능하게 했다.

사람들은 한곳에 머물며
곡물을 재배하기 시작했다.

이 과정에서
토지가 중요한 자산이 되었다.

토지를 가진 사람은
경제적 권력을 가지게 되었다.

그래서 농업 문명에서는

토지 = 권력

이었다.

산업 문명

18세기 후반
영국에서 시작된 산업 혁명은
세계 경제를 바꾸었다.

기계가 등장하면서
대량 생산이 가능해졌다.

공장이 생겼고
도시가 성장했다.
이 시기의 경제 구조는

생산 중심 경제였다.

기업은
생산 설비
유통망
자본
을 통해 시장을 지배했다.

그래서 산업 문명에서는

생산 = 권력

이었다.

디지털 문명

21세기에는
새로운 변화가 나타나고 있다.

인터넷과 모바일 기술은
사람들을 서로 연결했다.

이 연결은
경제 활동의 방식을 바꾸고 있다.

사람들은

정보를 공유하고
경험을 전달하며

상품을 추천한다.

이러한 활동은
시장 선택에 영향을 미친다.

즉,

정보와 네트워크가 새로운 경제 권력이 되었다.

그래서 디지털 문명에서는

네트워크 = 권력

이 된다.

새로운 질문

이제 우리는
새로운 질문을 해야 한다.

경제는 누구를 위해 존재하는가?
기업인가?
자본인가?
아니면 사람인가?

이 질문은
새로운 경제 모델을 필요로 한다.

그 질문에서 출발한 것이
바로 KN541이다.

2장

시장은 왜 왜곡되는가

시장은 원래
수요와 공급이 만나
가격이 결정되는 구조다.

이론적으로 시장은
효율적인 자원 배분을 가능하게 한다.

그러나 현실의 시장은
이론과 다르게 작동하는 경우가 많다.

그 이유는
시장 구조가 왜곡되기 때문이다.

시장 왜곡의 주요 원인은 다음과 같다.

생산 중심 구조

기업이 생산을 결정한다.

소비자는
이미 생산된 상품 중에서만 선택할 수 있다.

유통 권력

유통망을 가진 기업이

시장 접근을 통제한다.

광고는
사람들의 관심을 사로잡기 위해 경쟁한다.

이 과정에서
상품의 실제 가치보다
이미지가 강조된다.

이러한 구조는
시장 정보의 왜곡을 가져온다.

그래서 현대 경제는
점점 사람들의 관심이 경제적 자원이 되는
주의 경제(Attention Economy)로 변하고 있다.

사람들의 관심이
가장 중요한 자원이 되기 때문이다.

1. 문명 Layer   산업 혁명이 만든 새로운 세계

18세기 후반 영국에서 시작된 산업 혁명은
인류 문명의 구조를 근본적으로 바꾸었다.

이전까지의 경제는
농업을 중심으로 이루어졌다.

사람들은 땅을 경작하고
자연의 리듬에 맞추어 생활했다.

그러나 산업 혁명은
기계와 공장을 등장시켰다.

증기기관이 발명되고
대량 생산이 가능해졌다.

공장은 이전까지 존재하지 않았던
새로운 경제 조직이었다.

많은 사람들이 한 공간에 모여
기계를 통해 생산 활동을 수행했다.

이 과정에서
도시는 빠르게 성장하기 시작했다.

사람들은 농촌을 떠나
도시의 공장으로 이동했다.

이것이 바로
산업 문명의 시작이다.

산업 문명은
인류 역사에서 가장 강력한 생산 능력을 만들었다.

그러나 동시에
새로운 경제 구조를 만들어 냈다.

그 구조는 바로
생산 중심 경제였다.

2. 경제 Layer 생산 중심 경제의 구조

산업 문명에서는
생산 능력을 가진 기업이 시장을 지배했다.

경제 구조는 다음과 같은 형태였다.

생산 → 유통 → 소비

기업은 먼저 상품을 생산한다.

그리고 유통망을 통해
시장에 공급한다.

소비자는
이미 생산된 상품 중에서 선택한다.

이 구조에서는
생산자가 시장을 결정한다.

기업은 다음 세 가지 요소를 통해
경제 권력을 가진다.

① **생산 설비**
공장과 기계를 가진 기업은
대량 생산 능력을 가진다.

이 능력은
경제 경쟁에서 매우 중요한 요소였다.

② **자본**
생산 설비를 구축하려면
많은 자본이 필요하다.

따라서 자본을 가진 기업은
더 큰 생산 능력을 확보할 수 있었다.

③ **유통망**
상품을 시장에 공급하려면

유통망이 필요하다.

유통망을 확보한 기업은
시장 접근을 통제할 수 있었다.

이 세 가지 요소는
산업 문명의 경제 권력을 형성했다.

그래서 산업 시대의 경제 권력은

생산 + 자본 + 유통

에 의해 결정되었다.

생산 중심 경제의 장점

산업 문명은
많은 긍정적인 변화를 만들었다.

대량 생산은
상품 가격을 낮추었고
많은 사람들이 다양한 상품을 사용할 수 있게 했다.

교통과 통신 기술 역시 발전했다.

이러한 변화는
인류의 생활 수준을 크게 향상시켰다.

그러나 산업 문명에는 한계가 있었다.

생산 중심 경제는
다음과 같은 문제를 만들었다.

첫 번째 문제 - 생산 과잉

기업이 먼저 생산을 결정하기 때문에
수요보다 공급이 많아질 수 있다.

이 경우
재고가 쌓이고 경제적 손실이 발생한다.

두 번째 문제 - 시장 왜곡

기업은 판매를 늘리기 위해
광고와 마케팅에 많은 비용을 사용한다.

이 과정에서
상품의 실제 가치보다
이미지가 강조되기도 한다.

세 번째 문제 - 소비자의 수동성

생산 중심 경제에서는
소비자가 시장을 결정하지 않는다.
소비자는
이미 만들어진 상품 중에서 선택할 뿐이다.

즉,
시장 구조에서 소비자의 영향력은 제한적이었다.

이러한 구조는

21세기 경제에서 점점 한계를 드러내고 있다.

실천리더는
다음 질문을 스스로에게 던져야 한다.

산업 문명은 어떤 경제 구조를 만들었는가?
생산 중심 경제는 왜 강력했는가?
이 구조는 왜 한계를 가지는가?

그리고 가장 중요한 질문은 이것이다.

경제의 중심은 누구여야 하는가?
생산자인가?
기업인가?
자본인가?
아니면
사람인가?

이 질문이
다음 장에서 등장하는
소비 주권 경제로 이어진다.

토론 질문
산업 혁명이 경제 구조에 미친 가장 큰 변화는 무엇인가?
생산 중심 경제의 장점과 한계는 무엇인가?

핵심 정리

산업 문명은
대량 생산 경제를 만들었다.

이 경제 구조에서는
생산자가 시장을 결정했다.

그러나 디지털 시대가 등장하면서
이 구조는 변화하기 시작했다.

다음 장에서는
자본주의의 성장과 한계를 살펴본다.

1. 문명 Layer 자본주의는 어떻게 세계 경제의 중심이 되었는가

산업 혁명 이후 등장한 경제 시스템은
자본주의였다.

자본주의는
개인의 자유로운 경제 활동을 기반으로 하는 경제 체제다.

사람들은 자신의 자본을 투자하여
생산 활동을 할 수 있고
시장 경쟁을 통해 이익을 얻을 수 있다.

이 시스템은
이전의 경제 구조와 크게 달랐다.

농업 사회에서는
경제 활동이 주로 지역 단위로 이루어졌다.

그러나 자본주의는
경제 활동을 훨씬 더 큰 규모로 확장시켰다.

기업은 더 많은 자본을 모아
더 큰 생산 설비를 만들 수 있었고

상품은 세계 시장으로 확장되었다.

이 과정에서
국가 경제 역시 빠르게 성장했다.

18세기 이후
유럽과 북미 지역의 경제는 급속히 발전했고
산업 생산량은 이전 시대와 비교할 수 없을 정도로 증가했다.

이러한 변화는
자본주의 경제 시스템의 강력한 생산 능력을 보여 준다.

자본주의의 핵심 원리

자본주의 경제는
세 가지 핵심 원리 위에서 작동한다.

① 사유 재산

개인은 자신의 자산을 소유할 수 있다.

토지
공장
자본
기술

이러한 자산을 소유한 사람은
경제 활동을 통해 이익을 얻을 수 있다.

② **자유 경쟁**

기업은 자유롭게 경쟁한다.

더 좋은 상품을 만들고
더 효율적인 생산 방식을 가진 기업이
시장 경쟁에서 살아남는다.

이 경쟁 구조는
경제 혁신을 촉진한다.

③ **시장 가격**

상품의 가격은
시장 수요와 공급에 의해 결정된다.

이 가격 신호는
경제 자원이 어디로 이동해야 하는지를 알려 준다.

이 세 가지 원리는
자본주의 경제를 매우 강력한 시스템으로 만들었다.

2. 경제 Layer 자본주의가 만든 경제 성장

자본주의는
역사상 가장 강력한 경제 성장 시스템이었다.

산업 생산은 급격히 증가했고
기술 혁신은 빠르게 이루어졌다.

철도

전기

자동차

인터넷

이러한 기술 혁신은
모두 자본주의 경제 환경 속에서 발전했다.

이 시스템은
사람들에게 많은 기회를 제공했다.

누구나 새로운 아이디어를 가지고
기업을 만들 수 있었고
성공하면 큰 경제적 보상을 얻을 수 있었다.

이러한 구조는
경제 발전의 강력한 동력이 되었다.

그러나 자본주의는 점점 새로운 문제를 만들기 시작했다.

경제가 성장하면서
다음과 같은 문제들이 나타났다.

첫 번째 문제 - 부의 집중

경제 성장의 결과가
모든 사람에게 동일하게 분배되지는 않았다.

자본을 가진 사람들은

더 많은 자산을 축적할 수 있었다.

그러나 많은 사람들은
경제 성장의 혜택을 충분히 받지 못했다.

이로 인해
경제적 격차가 확대되었다.

두 번째 문제 - 소비 중심 사회

자본주의 경제는
지속적인 소비를 필요로 한다.

기업은 생산을 확대해야 하고
생산을 확대하려면 소비가 증가해야 한다.

그래서 기업은
광고와 마케팅을 통해 소비를 촉진한다.

이 과정에서
사람들의 관심과 욕구는
경제 활동의 중요한 자원이 된다.

이것이 바로
주의 경제(Attention Economy)다.

세 번째 문제 - 시장 왜곡

현대 시장에서는
상품의 실제 가치보다

마케팅과 브랜드 이미지가 더 큰 영향을 미칠 때가 많다.

기업은
광고와 홍보에 막대한 비용을 사용한다.

이 비용은
결국 상품 가격에 포함된다.

그 결과
소비자는 상품의 실제 가치보다
더 높은 가격을 지불하게 된다.

네 번째 문제 - 환경 문제
지속적인 생산과 소비는
자원 사용을 증가시킨다.

이 과정에서
환경 파괴와 자원 고갈 문제가 나타난다.

오늘날 세계는
기후 변화와 환경 위기라는 새로운 문제에 직면하고 있다.

3. 리더 Layer ‖ 실천리더의 질문

실천리더는
자본주의 경제를 단순히 비판하거나 찬양하는 것이 아니라
그 구조를 이해해야 한다.

자본주의는
인류 역사에서 매우 중요한 역할을 했다.

기술 혁신을 촉진했고
경제 성장을 가능하게 했다.

그러나 동시에
새로운 문제들도 만들어 냈다.

따라서 오늘날 우리는
다음 질문을 해야 한다.

자본주의의 장점은 무엇인가?
자본주의의 한계는 무엇인가?
새로운 경제 모델은 어떤 방향으로 가야 하는가?

이 질문은
다음 장에서 등장하는

디지털 문명과 소비 주권 시대

로 이어진다.

토론 질문

자본주의 경제가 인류 사회에 가져온 가장 큰 변화는 무엇인가?
자본주의 경제의 장점과 한계를 각각 설명하 보라.
현대 경제에서 소비자의 역할은 어떻게 변화하고 있는가?

자본주의는
산업 문명 이후 세계 경제의 중심 시스템이 되었다.

이 시스템은
강력한 경제 성장을 가능하게 했지만
부의 집중, 소비 중심 사회, 시장 왜곡 등의 문제도 만들었다.

이러한 문제들은
새로운 경제 모델의 필요성을 제기한다.

다음 장에서는
디지털 문명이 등장하면서
경제 구조가 어떻게 변화하고 있는지를 살펴본다.

1. 문명 Layer   디지털 혁명이 시작되다

20세기 후반 인류는 또 하나의 거대한 변화를 경험하기 시작했다.
바로 디지털 혁명이다.

컴퓨터의 등장과 인터넷의 발전은
인류의 생활 방식뿐 아니라 경제 구조까지 바꾸기 시작했다.

과거에는 정보가 제한된 사람들만 접근할 수 있는 자원이었다.
신문사, 방송사, 정부, 대기업과 같은 조직들이
정보의 생산과 전달을 통제했다.

그러나 인터넷이 등장하면서
이 구조는 근본적으로 변화하기 시작했다.

정보는 더 이상 특정 조직만의 것이 아니었다.
누구나 정보를 생산하고 공유할 수 있게 되었다.

사람들은

**온라인 커뮤니티에서 의견을 나누고
블로그와 SNS를 통해 경험을 공유하며
서로의 지식과 정보를 교환한다.**

이러한 변화는
단순한 기술 발전 이상의 의미를 가진다.

이것은 문명의 구조 변화다.

농업 혁명이
토지를 중심으로 한 사회를 만들었고

산업 혁명이
공장을 중심으로 한 사회를 만들었다면

디지털 혁명은
네트워크를 중심으로 한 사회를 만들고 있다.

디지털 문명의 특징

디지털 문명은
세 가지 중요한 특징을 가진다.

① 연결성

인터넷은 사람들을 연결한다.

지리적 거리는
더 이상 중요한 장벽이 아니다.

서울에 있는 사람과
뉴욕에 있는 사람이
같은 프로젝트에 참여할 수 있다.
경제 활동 역시

네트워크를 통해 이루어진다.

② 정보의 민주화
정보는 더 이상
소수의 조직에 의해 통제되지 않는다.

사람들은 스스로 정보를 찾고
경험을 공유하며
지식을 축적한다.

이 과정에서
정보의 권력 구조도 변화한다.

③ 참여의 확대
디지털 환경에서는
사람들이 단순한 소비자가 아니라
참여자가 된다.

사람들은

리뷰를 작성하고
콘텐츠를 만들고
상품을 추천한다.

이러한 활동은
경제 활동에 영향을 미친다.

디지털 문명은
새로운 경제 구조를 만들었다.

그 중심에는
플랫폼 경제가 있다.

플랫폼은
사람들과 기업을 연결하는 디지털 공간이다.

이 공간에서
상품, 서비스, 정보가 교환된다.

대표적인 플랫폼 기업들은 다음과 같다.

> **아마존**
> **애플**
> **구글**
> **알리바바**
> **쿠팡**

이 기업들의 공통점은
직접 모든 상품을 생산하지 않는다는 것이다.

대신
사람들과 기업을 연결하는 플랫폼을 운영한다.

플랫폼 경제에서는
참여자가 많을수록 가치가 커진다.

이를 네트워크 효과라고 한다.

예를 들어

**많은 사람이 사용하는 플랫폼은
더 많은 판매자를 끌어들인다.**

**많은 판매자가 참여하면
소비자에게 더 많은 선택이 제공된다.**

이 구조는
플랫폼의 성장 속도를 빠르게 만든다.

데이터 경제

플랫폼 경제에서
가장 중요한 자원 중 하나는 데이터다.

사람들이

**무엇을 검색하는지
무엇을 구매하는지
어떤 콘텐츠를 보는지**

이 모든 정보는
데이터로 기록된다.

이 데이터는
경제 전략을 결정하는 중요한 자산이 된다.

그래서 오늘날 많은 기업들은
데이터를 가장 중요한 자산으로 본다.

그러나 플랫폼 경제도 문제를 가지고 있다.

플랫폼 경제는
많은 편리함을 제공했지만
새로운 문제도 만들었다.

첫 번째 문제 - 플랫폼 권력 집중

몇몇 대형 플랫폼 기업이
막대한 경제 권력을 가지게 되었다.

두 번째 문제 - 데이터 독점

플랫폼 기업은
막대한 양의 사용자 데이터를 보유한다.

이 데이터는
경제 경쟁에서 큰 영향력을 가진다.

세 번째 문제 - 참여 가치의 불균형

많은 사용자들이 플랫폼을 통해
경제 활동에 기여하지만

그 가치의 대부분은

플랫폼 기업에 집중된다.

디지털 문명은
경제의 중심을 변화시키고 있다.

이 변화 속에서
우리는 중요한 질문을 해야 한다.

플랫폼 경제는 누구를 위해 존재하는가?
참여자들이 만든 가치는 어떻게 분배되는가?
새로운 경제 시스템은 어떤 구조여야 하는가?

이 질문에서 출발한 것이
바로 KN541 경제 모델이다.

KN541은
참여자들이 만든 가치가
공동체 속에서 순환되는 경제 구조를 지향한다.

즉,

참여
협력
공동체

를 중심으로 하는 경제 모델이다.

핵심 정리

디지털 혁명은
경제 구조를 크게 변화시키고 있다.

플랫폼 경제와 데이터 경제는
새로운 기회를 만들었지만
권력 집중과 가치 분배 문제도 만들었다.

이러한 문제는
새로운 경제 모델의 필요성을 제기한다.

다음 장에서는
현대 시장이 어떻게 왜곡되는지를 살펴본다.

시장의 왜곡

경제학 교과서에서 시장은 매우 단순한 원리로 설명된다.

수요와 공급이 만나
가격이 결정되고
자원은 효율적으로 배분된다.

이론적으로 시장은
가장 합리적인 경제 구조다.

그러나 현실의 시장은
이론과 다르게 작동하는 경우가 많다.

사람들이 경험하는 시장은
항상 공정하지 않다.

어떤 기업은 시장을 지배하고
어떤 기업은 시장에 진입조차 하기 어렵다.

어떤 상품은 실제 가치보다
훨씬 높은 가격에 판매되기도 하고
어떤 상품은 좋은 품질을 가지고 있어도

시장에 알려지지 않는다.

왜 이런 일이 발생할까?

그 이유는
시장 구조가 완전히 자유롭지 않기 때문이다.

현대 경제에서는
시장에 다양한 권력이 존재한다.

생산 권력
유통 권력
정보 권력
자본 권력

이 권력들은
시장 구조를 변화시키고
때로는 왜곡시키기도 한다.

산업 시대의 시장 권력

산업 시대에는
생산 능력이 가장 중요한 경제 권력이었다.

대규모 공장을 가진 기업은
많은 상품을 생산할 수 있었다.

그리고 그 상품을
시장에 공급할 수 있었다.

이 구조에서는
생산 능력을 가진 기업이
경제 권력을 가진다.

그러나 시간이 지나면서
시장 권력의 중심은
점점 다른 방향으로 이동하기 시작했다.

유통 권력의 등장

20세기 후반
대형 유통 기업들이 등장했다.

대형 마트
대형 유통 체인
온라인 쇼핑몰

이러한 기업들은
상품 생산을 직접 하지 않더라도
시장에서 큰 영향력을 가지게 되었다.

왜냐하면
유통 채널을 통제하기 때문이다.

상품을 판매하려면
유통 채널에 들어가야 한다.

그래서 많은 제조 기업들은
유통 기업의 조건을 받아들여야 했다.

이 구조에서
유통 권력이 등장했다.

정보 권력의 등장

디지털 시대가 시작되면서
정보 역시 중요한 경제 권력이 되었다.

사람들이 무엇을 검색하고
무엇을 클릭하고
무엇을 구매하는지

이 모든 정보는
경제 활동에 중요한 영향을 미친다.

그래서 오늘날 많은 기업들은
데이터를 가장 중요한 자산으로 본다.

이것이 바로
정보 권력이다.

2. 경제 Layer 광고 경제의 등장

현대 경제에서
광고는 매우 중요한 역할을 한다.

기업은 상품을 판매하기 위해
광고를 사용한다.

광고는
소비자의 관심을 끌기 위한 경쟁이다.

그래서 많은 기업들은
막대한 비용을 광고에 사용한다.

예를 들어

TV 광고
온라인 광고
SNS 광고
검색 광고

이러한 광고는
상품의 인지도를 높이는 데 사용된다.

그러나 광고 경제는
다음과 같은 문제를 만들기도 한다.

상품 가치와 이미지의 분리

광고는
상품의 이미지를 만든다.

이 과정에서
상품의 실제 가치보다
이미지가 더 강조될 수 있다.

그래서 소비자는

상품의 본질적 가치보다
브랜드 이미지에 영향을 받기도 한다.

광고 비용의 증가

광고 경쟁이 심해지면서
기업은 점점 더 많은 비용을 광고에 사용한다.

이 비용은
결국 상품 가격에 포함된다.

즉,

소비자가 광고 비용을 부담하는 구조가 된다.

관심 경제의 등장

오늘날 경제에서는
사람들의 관심(Attention)이 중요한 자원이 되었다.

기업은
사람들의 관심을 얻기 위해 경쟁한다.

그래서 현대 경제를
주의 경제(Attention Economy)라고 부르기도 한다.

사람들의 관심이
경제적 가치를 가지기 때문이다.

디지털 시대에는
모든 것이 숫자로 측정된다.

조회 수

클릭 수

팔로워 수

좋아요 수

이러한 숫자들은
사람들의 행동을 평가하는 기준이 된다.

기업 역시
이 숫자를 기준으로 전략을 세운다.

그러나 숫자 중심 경제는
또 다른 문제를 만들기도 한다.

사람들은
본질적인 가치보다
숫자에 더 집중하게 된다.

그래서 콘텐츠의 질보다
조회수가 더 중요한 기준이 되기도 한다.

이러한 구조는
경제 활동의 방향을 바꾸기도 한다.

실천리더는
현대 시장 구조를 이해해야 한다.

현대 시장은 단순한 수요와 공급의 구조가 아니다.

생산
유통
정보
광고

이 다양한 요소들이
시장 구조에 영향을 미친다.

따라서 우리는 다음 질문을 해야 한다.

시장은 왜 왜곡되는가?
광고 경제는 어떤 영향을 미치는가?
관심 경제는 우리의 선택에 어떤 영향을 주는가?

이 질문은
다음 단계로 이어진다.

그렇다면 시장의 중심은 누구여야 하는가?
기업인가?
유통인가?
플랫폼인가?

아니면 소비자인가?

이 질문이 바로
다음 장에서 다룰
소비 주권 경제의 출발점이다.

현대 시장에서 광고의 역할은 무엇인가?
주의 경제가 소비자의 선택에 어떤 영향을 미치는가?
시장 권력은 어떻게 변화하고 있는가?

현대 시장은
생산, 유통, 광고, 정보 권력이 결합된 구조다.

이 구조는
시장 왜곡을 만들기도 한다.

그래서 새로운 질문이 등장한다.

경제의 중심은 누구여야 하는가?

이 질문에서
소비 주권 경제가 등장한다.

PART 3

소비 주권의 등장

7장

소비는 창조 질서의 근본이다

1. 문명 Layer   소비는 단순한 구매가 아니다

우리는 보통 소비를 단순한 경제 활동으로 생각한다.

사람들이 상품을 사고
서비스를 이용하는 행위.

이것이 소비라고 생각한다.

그러나 소비는
단순한 구매 행위가 아니다.

소비는
경제 질서를 결정하는 가장 근본적인 행동이다.

왜냐하면
경제 활동의 출발점은
결국 소비이기 때문이다.

사람들이 필요로 하는 것이 있어야
생산이 시작된다.

사람들이 원하는 것이 있어야
기업이 상품을 만든다.

사람들이 선택해야
시장 구조가 형성된다.

즉,
경제는 결국

사람들의 선택에서 시작된다.

● 창조 질서와 소비

자연의 질서를 살펴보면
모든 생태계는 순환 구조를 가지고 있다.

생산
소비
재생

이 순환 속에서
생태계는 균형을 유지한다.

경제 역시
비슷한 구조를 가지고 있다.

생산만 존재하는 경제는 없다.

소비가 있어야
생산이 존재한다.

그래서 소비는

단순한 경제 활동이 아니라

경제 질서를 만드는 창조 행위라고 볼 수 있다.

그러나 산업 문명은 이 질서를 바꾸었다.

산업 문명 이후
경제 구조는 생산 중심으로 바뀌었다.

기업은 먼저 생산하고
그다음에 시장을 만들었다.

광고와 마케팅은
소비를 만들어 내는 도구가 되었다.

이 과정에서
경제의 중심은

소비 → 생산

이 아니라

생산 → 소비

로 바뀌었다.

이 변화는
경제 질서를 근본적으로 바꾸었다.

현대 경제에서
점점 중요한 개념이 등장하고 있다.

바로 소비 주권(Consumer Sovereignty)이다.

소비 주권이란
소비자의 선택이
시장 구조를 결정하는 경제 원리다.

기업은
소비자가 원하는 상품을 만들어야 한다.

소비자가 선택하지 않는 상품은
시장에서 사라진다.

그래서 이론적으로는
소비자가 시장의 주인이 된다.

그러나 현실은 다르다

이론적으로는 소비자가 시장의 주인이지만
현실의 시장에서는 그렇지 않은 경우가 많다.

왜냐하면
시장 구조에는 다양한 권력이 존재하기 때문이다.

예를 들어

광고 권력

유통 권력

플랫폼 권력

이러한 요소들은
소비자의 선택에 영향을 미친다.

그래서 현실의 시장에서는
소비 주권이 완전히 작동하지 않는다.

디지털 시대의 변화

그러나 디지털 문명은
이 구조를 조금씩 바꾸고 있다.

사람들은

리뷰를 작성하고

경험을 공유하며

상품 정보를 교환한다.

이러한 활동은
다른 소비자의 선택에 영향을 준다.

즉,

소비자의 영향력이 다시 커지고 있다.

이 변화는
새로운 경제 구조를 가능하게 한다.

참여 경제

디지털 시대에는
소비자가 단순한 구매자가 아니다.

사람들은

**콘텐츠를 만들고
상품을 추천하며
공동 구매에 참여한다.**

이러한 활동은
경제 활동의 중요한 요소가 된다.

이것을
참여 경제(Participatory Economy)라고 한다.

참여 경제에서는
많은 사람들의 작은 행동이
큰 경제적 결과를 만든다.

3. 리더 Layer 실천리더의 질문

실천리더는
소비를 새로운 관점에서 바라봐야 한다.

소비는 단순한 구매가 아니다.
소비는
경제 질서를 만드는 행동이다.

그래서 실천리더는
다음 질문을 해야 한다.

나는 어떤 상품을 선택하는가?
나의 선택은 어떤 시장을 만드는가?
나의 소비는 어떤 경제 구조를 만드는가?

이 질문은
개인의 행동을 넘어
경제 질서의 문제로 이어진다.

소비는 책임이다

소비는
단순한 개인의 행동이 아니다.

소비는
경제 구조에 영향을 미친다.

예를 들어

환경을 고려한 소비
공동체를 위한 소비
공정한 생산을 지지하는 소비

이러한 소비는
시장 구조를 변화시킬 수 있다.

그래서 소비는
경제적 책임이기도 하다.

KN541의 출발점

KN541은
이 질문에서 출발한다.

소비자가 시장을 만든다면
소비자가 경제 구조도 바꿀 수 있지 않을까?

이 질문은
새로운 경제 모델을 만들었다.

그 모델이 바로

KN541이다.

KN541은
소비자의 참여를 기반으로
경제 구조를 다시 설계하려는 시도다.

토론 질문

소비는 왜 경제 질서를 결정하는 중요한 요소인가?
소비 주권은 실제 시장에서 어떻게 작동하는가?

참여 경제는 기존 경제와 어떻게 다른가?

소비는 단순한 구매 행위가 아니다.

소비는
경제 질서를 만드는 창조 행위다.

디지털 시대에는
소비자의 영향력이 다시 커지고 있다.

이 변화는
참여 경제와 소비 주권 경제를 가능하게 한다.

이러한 흐름 속에서
KN541 경제 모델이 등장한다.

1. 문명 Layer | 시장은 누구에 의해 만들어지는가

우리는 흔히 시장을
기업이 만드는 것이라고 생각한다.

기업이 상품을 생산하고
유통망을 통해 판매하며
광고를 통해 소비자를 설득한다고 생각한다.

그래서 많은 사람들은
시장 구조의 중심이 기업이라고 믿는다.

그러나 조금 더 깊이 생각해 보면
시장의 진짜 출발점은 다른 곳에 있다.

시장에는 반드시 두 가지 요소가 필요하다.

생산자
소비자

생산자는 상품을 만든다.
그러나 소비자가 없다면 시장은 존재할 수 없다.

상품이 아무리 많이 생산되더라도
사람들이 구매하지 않으면
그 상품은 시장에서 사라진다.

결국 시장의 생존 여부를 결정하는 것은
소비자의 선택이다.

소비자의 선택이 시장을 결정한다

우리는 일상생활에서
수많은 선택을 한다.

어떤 음식을 먹을지
어떤 제품을 사용할지
어떤 서비스를 이용할지

이러한 선택은
단순한 개인의 행동처럼 보인다.

그러나 수많은 사람들의 선택이 모이면
그것은 거대한 경제 흐름을 만든다.

예를 들어
어떤 상품이 소비자들에게 인기를 얻으면
기업들은 그 상품을 더 많이 생산한다.

반대로
어떤 상품이 소비자에게 외면받으면
기업은 생산을 중단한다.

즉,

소비자의 선택 → 생산 결정

이라는 구조가 형성된다.

이것이 바로
소비자가 시장을 만든다는 의미다.

역사 속 소비자의 힘

역사를 살펴보면
소비자의 선택이 시장 구조를 바꾼 사례는 많다.

예를 들어

친환경 제품 시장의 성장
유기농 식품 시장의 확대
공정무역 상품의 등장

이러한 변화는
정부 정책이나 기업 전략만으로 이루어진 것이 아니다.

많은 소비자들이
환경과 윤리를 고려한 소비를 선택했기 때문에
시장이 변화한 것이다.

즉,
소비자의 선택은

단순한 구매 행동이 아니라
경제 변화를 만드는 힘이다.

2. 경제 Layer ｜ 네트워크 소비의 등장

디지털 시대에는
소비자의 영향력이 더욱 커지고 있다.

그 이유는
사람들이 서로 연결되어 있기 때문이다.

인터넷과 SNS는
사람들의 경험을 빠르게 공유하게 만들었다.

예를 들어

제품 리뷰
블로그 후기
SNS 추천

이러한 정보는
다른 소비자의 선택에 큰 영향을 준다.

이 구조를
네트워크 소비(Network Consumption)라고 한다.

● 네트워크 소비의 특징

네트워크 소비는

세 가지 특징을 가진다.

① **정보 공유**
소비자들은
상품에 대한 경험을 서로 공유한다.

이 정보는
다른 소비자의 선택에 영향을 준다.

② **집단 선택**
많은 사람들이
비슷한 정보를 접하게 되면
비슷한 선택을 하게 된다.

이 과정에서
시장 트렌드가 형성된다.

③ **빠른 확산**
디지털 네트워크에서는
정보가 매우 빠르게 확산된다.

어떤 상품이 인기를 얻으면
짧은 시간 안에 큰 시장을 형성할 수 있다.

● **데이터가 되는 소비**
디지털 경제에서
소비자의 행동은 데이터가 된다.

사람들이

무엇을 검색하는지
무엇을 클릭하는지
무엇을 구매하는지

이 모든 행동은 기록된다.

이 데이터는
기업에게 매우 중요한 정보가 된다.

그래서 오늘날 많은 기업들은
데이터 분석을 통해 시장 전략을 세운다.

그러나 여기서 중요한 질문이 등장한다.

이 데이터를 만드는 사람은 누구인가?

바로
소비자다.

소비자의 행동이
데이터가 되고
그 데이터가 시장 전략을 결정한다.

소비자 데이터의 가치

현대 경제에서는
소비자 데이터가 매우 큰 경제적 가치를 가진다.

그러나 대부분의 경우
이 데이터의 가치는
플랫폼 기업에 집중된다.

사용자들은

검색하고
클릭하고
구매하지만

그 데이터로 만들어진 경제적 가치는
플랫폼 기업이 가져가는 경우가 많다.

이 구조는
새로운 질문을 만든다.

소비자의 참여로 만들어진 가치가
소비자에게 돌아갈 수는 없을까?

이 질문이
KN541 경제 모델의 중요한 출발점이 된다.

3. 리더 Layer　실천리더의 질문

실천리더는
소비를 새로운 관점에서 이해해야 한다.

소비는 단순한 구매 행위가 아니다.

소비는
시장 구조를 만드는 행동이다.

따라서 실천리더는
다음 질문을 해야 한다.

소비자의 선택은 시장을 어떻게 바꾸는가?
네트워크 소비는 어떤 경제 구조를 만드는가?
소비자의 데이터는 누구의 자산인가?

이 질문은
새로운 경제 모델을 찾게 만든다.

소비자의 힘을 조직하다

개별 소비자의 선택은
작은 행동처럼 보인다.

그러나 많은 소비자가
같은 방향으로 움직이면
시장은 크게 변화한다.

예를 들어

공동 구매
집단 소비
커뮤니티 소비

이러한 구조는

시장에 큰 영향을 미칠 수 있다.

즉,

개인 소비 → 집단 소비 → 시장 변화

라는 구조가 가능하다.

이것이 바로
KN541이 바라보는 소비의 힘이다.

KN541의 핵심 질문
KN541은
이 질문에서 출발한다.

소비자가 시장을 만든다면
소비자가 생산도 결정할 수 있지 않을까?

그리고

소비자가 경제 구조도 바꿀 수 있지 않을까?

이 질문은
다음 장에서 등장하는

소비생산 경제

로 이어진다.

소비자의 선택은 시장 구조에 어떤 영향을 미치는가?

네트워크 소비는 기존 소비와 어떻게 다른가?

소비자 데이터의 가치는 누구에게 돌아가야 하는가?

소비자의 선택은
시장 구조를 결정한다.

디지털 시대에는
네트워크 소비가 등장하면서
소비자의 영향력이 더욱 커지고 있다.

이 변화는
새로운 경제 모델의 가능성을 만든다.

이 가능성 위에서
KN541 소비생산 경제가 등장한다.

1. 문명 Layer   경제의 출발점은 어디인가

경제를 설명할 때
많은 사람들은 생산을 먼저 떠올린다.

**기업이 상품을 생산하고
유통을 통해 시장에 공급하며
소비자는 그 상품을 구매한다.**

이것이 우리가 익숙하게 알고 있는
경제의 기본 구조다.

그러나 조금 더 깊이 생각해 보면
생산은 결코 경제의 출발점이 아니다.

왜냐하면
생산은 항상 수요에서 시작되기 때문이다.

사람들이 필요로 하는 것이 있어야
상품이 만들어진다.

사람들이 원하는 것이 있어야
기업은 생산을 시작한다.

즉,

경제의 출발점은
생산이 아니라 욕구와 필요다.

그리고 이 욕구와 필요는
바로 소비에서 나타난다.

● 산업 문명이 만든 구조

산업 문명은
경제 구조를 크게 바꾸었다.

기계와 공장이 등장하면서
대량 생산이 가능해졌다.

기업은 먼저 생산하고
그다음에 시장을 만들었다.

이 과정에서
경제의 순서가 바뀌었다.

원래의 자연스러운 질서는

소비 → 생산

이었다.

그러나 산업 문명 이후

경제 구조는 다음과 같이 바뀌었다.

생산 → 유통 → 소비

이 구조에서는
기업이 생산을 먼저 결정한다.

소비자는
이미 만들어진 상품 중에서 선택할 뿐이다

이것이 바로
생산 중심 경제다.

생산 중심 경제의 한계

생산 중심 경제는
산업 문명에서 매우 강력한 시스템이었다.

그러나 시간이 지나면서
이 구조는 여러 가지 문제를 만들었다.

첫 번째 문제는
수요 예측의 어려움이다.

기업은 시장 수요를 정확히 예측하기 어렵다.

그래서 많은 기업들은
수요보다 더 많은 상품을 생산한다.

이 과정에서
재고 문제가 발생한다.

두 번째 문제는
마케팅 경쟁이다.

상품을 판매하기 위해
기업은 광고와 홍보에 많은 비용을 사용한다.

이 비용은
결국 상품 가격에 포함된다.

즉,

소비자는
상품뿐 아니라
광고 비용까지 함께 지불하게 된다.

세 번째 문제는
시장 왜곡이다.

기업은 판매를 늘리기 위해
소비자의 욕구를 만들어 내기도 한다.

이 과정에서
경제 구조는 점점 더
생산 중심으로 움직이게 된다.

소비생산 경제는
경제의 순서를 다시 생각하는 개념이다.

기존 경제 구조
: 생산 → 유통 → 소비

소비생산 경제 구조
: 소비 → 생산 → 유통

즉,

소비가 먼저 결정되고
그다음에 생산이 이루어지는 구조다.

이 구조에서는
소비자가 시장을 만든다.

사전 예약 경제

소비생산 경제의 핵심 구조 중 하나는
사전 예약 시스템이다.

사전 예약 시스템에서는
상품이 생산되기 전에
소비자의 주문이 먼저 이루어진다.

예를 들어

공동 구매
예약 판매
크라우드 펀딩

이러한 방식은
이미 여러 산업에서 사용되고 있다.

이 구조의 장점은 다음과 같다.

첫 번째 장점 – 수요 기반 생산
기업은 실제 수요를 확인한 후
생산을 시작할 수 있다.

이렇게 하면
재고 위험을 크게 줄일 수 있다.

두 번째 장점 – 시장 데이터 확보
소비자의 선택은
시장 데이터를 만든다.

이 데이터는
생산 계획을 세우는 중요한 정보가 된다.

세 번째 장점 – 소비자의 참여
소비자는 단순한 구매자가 아니라
생산 과정의 일부가 된다.
이것이 바로
참여 경제의 핵심 구조다.

공동 구매 경제

소비생산 경제에서는
집단 소비가 중요한 역할을 한다.

많은 소비자가 함께 참여하면
더 큰 시장을 만들 수 있다.

예를 들어

공동 구매
커뮤니티 소비
집단 예약

이러한 구조는
시장 형성 속도를 빠르게 만든다.

또한 가격 경쟁력을 높일 수 있다.

소비 데이터와 시장

디지털 시대에는
소비자의 행동이 데이터가 된다.

이 데이터는
시장 구조를 이해하는 중요한 자료다.

예를 들어

어떤 상품이 인기 있는지

어떤 가격이 적절한지
어떤 기능이 필요한지

이 모든 정보는
소비자의 행동에서 나온다.

그래서 소비생산 경제에서는
소비자가 시장을 설계하는 역할을 한다.

3. 리더 Layer 실천리더의 질문

실천리더는
경제의 흐름을 다시 생각해야 한다.

우리는 오랫동안
생산 중심 경제 속에서 살아왔다.

그러나 디지털 시대에는
다른 경제 구조가 가능하다.

그 구조가 바로
소비생산 경제다.

실천리더는
다음 질문을 해야 한다.

소비가 생산을 결정할 수 있는가?
집단 소비는 시장을 어떻게 바꾸는가?

소비자의 참여는 어떤 경제 구조를 만드는가?

KN541의 첫 번째 시스템

KN541 경제 모델의 첫 번째 핵심 구조는
바로 소비생산 경제 시스템이다.

KN541은
소비자의 참여를 기반으로
시장 구조를 다시 설계한다.

즉,

소비 → 생산 → 공동체 순환

이라는 경제 모델이다.

이 구조에서는
소비자가 단순한 구매자가 아니라
경제 시스템의 출발점이 된다.

토론 질문

소비생산 경제는 기존 경제 구조와 어떻게 다른가?
사전 예약 경제의 장점은 무엇인가?
집단 소비는 시장 구조를 어떻게 바꿀 수 있는가?

핵심 정리

산업 문명은

생산 중심 경제를 만들었다.

그러나 디지털 시대에는
소비생산 경제가 등장하고 있다.

이 경제 구조에서는
소비자가 시장을 결정한다.

KN541 경제 모델은
이 소비생산 구조를 기반으로 설계되었다.

1. 문명 Layer　시장의 시간 구조가 바뀌고 있다

전통적인 시장에서는
상품이 먼저 만들어지고
그다음에 판매가 이루어진다.

기업은 시장을 예측하고
상품을 생산한다.

이후 광고와 유통을 통해
상품을 소비자에게 전달한다.

이 구조에서는
시간의 흐름이 다음과 같다.

생산 → 유통 → 판매 → 소비

이 방식은 산업 시대에 매우 효과적이었다.
대량 생산이 가능했기 때문이다.

그러나 이 구조에는 근본적인 문제가 존재한다.

기업은 항상 미래의 수요를 예측해야 한다.

그리고 이 예측은
항상 정확할 수 없다.

예측 경제의 문제

기업은 매년 수많은 상품을 생산한다.

그러나 그중 많은 상품은
예상만큼 판매되지 않는다.

그래서 산업 경제에서는
다음과 같은 문제가 반복된다.

재고 증가
할인 판매
폐기 상품

패션 산업에서는
판매되지 못한 의류가
매년 엄청난 양으로 폐기된다.

전자 제품 역시
신제품이 등장하면
이전 제품은 빠르게 시장에서 사라진다.

이 구조는
생산 중심 경제의 한계를 보여 준다.

그래서 새로운 질문이 등장한다.

왜 시장은 항상 예측에 의존해야 하는가?

만약 소비자의 수요를
먼저 확인할 수 있다면
경제 구조는 완전히 달라질 수 있다.

이 질문에서 등장한 것이
바로 사전 예약 시장이다.

2. 경제 Layer 사전 예약 시장이란 무엇인가

사전 예약 시장은
생산 이전에 수요가 형성되는 시장 구조다.

기존 시장 구조
: 생산 → 유통 → 소비

사전 예약 시장 구조
: 수요 → 예약 → 생산 → 소비

즉,
소비자의 선택이 먼저 이루어지고
그다음에 생산이 시작된다.

사전 예약 방식은
이미 다양한 산업에서 사용되고 있다.

예를 들어

크라우드 펀딩

새로운 제품을 만들기 전에
소비자의 참여를 통해
자금을 모으는 방식이다.

소비자는 제품이 완성되기 전에
예약 구매를 한다.

또 다른 사례는
스마트폰 사전 예약이다.

대형 스마트폰 기업들은
신제품 출시 전에
사전 예약을 진행한다.

이 과정에서
기업은 시장 수요를 미리 확인할 수 있다.

또한

게임 산업

에서도 사전 예약 방식이 널리 사용된다.

게임 출시 전에
수백만 명의 사용자가
사전 등록을 하기도 한다.

이 데이터는
시장 규모를 예측하는 중요한 자료가 된다

사전 예약 시장의 장점

사전 예약 시장은
세 가지 중요한 장점을 가진다.

① 수요 기반 생산

생산은 실제 수요를 기반으로 이루어진다.

그래서
불필요한 재고를 줄일 수 있다.

② 시장 데이터 확보

예약 데이터는
정확한 시장 정보를 제공한다.

기업은
이 데이터를 기반으로
생산 계획을 세울 수 있다.

③ 소비자 참여 확대
소비자는 단순한 구매자가 아니라
시장 형성 과정에 참여한다.

이 구조는
경제 활동을 더 민주적으로 만든다.

사전 예약 시장과 네트워크
디지털 시대에는
사전 예약 시장이 더욱 빠르게 성장할 수 있다.

왜냐하면
사람들이 서로 연결되어 있기 때문이다.

SNS와 온라인 커뮤니티는
정보 확산 속도를 크게 높인다.

어떤 상품이 관심을 받으면
짧은 시간 안에
많은 사람들이 참여할 수 있다.

이 구조는
네트워크 소비와 결합한다.

실천리더는
시장 구조를 새로운 시각으로 바라봐야 한다.

전통적인 경제에서는
기업이 시장을 만들었다.

그러나 사전 예약 시장에서는
소비자가 시장을 만든다.

그래서 실천리더는
다음 질문을 해야 한다.

소비자의 참여는 시장을 어떻게 바꾸는가?
집단 예약은 어떤 경제 구조를 만드는가?
네트워크 소비는 시장 형성에 어떤 영향을 미치는가?

사전 예약과 공동체 경제

사전 예약 시장은
공동체 경제와 깊은 관계가 있다.

사람들이 함께 참여하면
더 큰 시장을 만들 수 있기 때문이다.

예를 들어

공동 구매

이러한 구조는
소비자의 힘을 모을 수 있다.

이것이 바로
KN541 경제 모델에서 중요한 이유다.

KN541의 두 번째 시스템

KN541 경제 시스템에서
두 번째 핵심 구조는

사전 예약 시장 시스템이다.

KN541은
소비자의 참여를 통해
시장 수요를 먼저 만든다.

그다음
생산과 유통이 이루어진다.

이 구조는
다음과 같은 흐름을 가진다.

참여 → 예약 → 생산 → 소비

이 방식은

경제 구조를 더욱 효율적으로 만들 수 있다.

토론 질문

사전 예약 시장은 기존 시장과 어떻게 다른가?

수요 기반 생산은 어떤 장점을 가지는가?

사전 예약 시장은 소비자의 역할을 어떻게 변화시키는가?

핵심 정리

전통적인 시장은
생산 중심 구조였다.

그러나 디지털 시대에는
사전 예약 시장이 등장하고 있다.

이 시장에서는
소비자의 참여가 먼저 이루어진다.

KN541 경제 모델은
이 사전 예약 구조를 기반으로 설계되었다.

11장

네트워크 소비와 공동체 시장

1. 문명 Layer 소비는 개인의 행동인가

오랫동안 경제학은
소비를 개인의 선택으로 설명해 왔다.

사람들은 각자의 필요와 취향에 따라
상품을 선택한다.

그래서 소비는
개인적인 행동이라고 생각되어 왔다.

그러나 현실의 소비는
완전히 개인적인 행동이 아니다.

사람들은 서로의 영향을 받는다.

우리는 다른 사람들의 경험을 참고하고
다른 사람들의 의견을 듣고
다른 사람들의 추천을 고려한다.

예를 들어

친구가 추천한 식당

<u>온라인 리뷰가 좋은 상품</u>
<u>많은 사람들이 사용하는 서비스</u>

이러한 정보는
소비자의 선택에 영향을 준다.

즉, 소비는
개인의 행동이면서 동시에

사회적 행동이다.

● 공동체와 소비

인류 역사에서
사람들은 항상 공동체 속에서 살아왔다.

마을
가족
친구
지역 사회

이러한 공동체는
사람들의 생활 방식에 영향을 주었다.

소비 역시 마찬가지다.

사람들은 공동체 속에서
정보를 공유하고
경험을 나누며

함께 선택을 한다.
그래서 소비는
점점 공동체 행동의 성격을 가지게 된다.

디지털 시대의 공동체

디지털 문명은
이 공동체 구조를 더욱 확대시켰다.

인터넷과 SNS는
사람들을 빠르게 연결한다.

사람들은

온라인 커뮤니티에서 의견을 나누고
SNS에서 경험을 공유하며
플랫폼을 통해 정보를 교환한다.

이 과정에서
소비는 점점 더

네트워크 활동이 된다.

2. 경제 Layer 네트워크 소비의 구조

네트워크 소비란
소비자가 서로 연결되어
시장 선택에 영향을 주는 구조를 말한다.

이 구조에서는
정보가 빠르게 공유된다.

한 사람이 경험한 정보는
수많은 사람들에게 전달된다.

예를 들어

상품 리뷰
사용자 평가
SNS 추천

이러한 정보는
다른 소비자의 선택에 영향을 준다.

그래서 네트워크 소비에서는
개인의 선택이 모여

집단 소비 패턴을 만든다.

공동 구매 경제

네트워크 소비의 대표적인 형태가
바로 공동 구매다.

공동 구매는
여러 사람이 함께 상품을 구매하는 방식이다.

이 방식은

가격 경쟁력을 높이고
시장 형성 속도를 빠르게 만든다.

예를 들어

지역 공동 구매
온라인 커뮤니티 공동 구매
플랫폼 공동 구매

이러한 구조는
많은 소비자를 한 번에 모을 수 있다.

그래서 기업은
더 낮은 가격으로 상품을 공급할 수 있다.

집단 소비의 힘

개별 소비자는
시장에 큰 영향을 미치기 어렵다.

그러나 집단 소비는
시장 구조를 바꿀 수 있다.

많은 소비자가 같은 상품을 선택하면
기업은 그 상품을 더 많이 생산한다.

반대로
많은 소비자가 특정 상품을 거부하면
기업은 생산을 중단한다.

즉, 집단 소비는
시장 구조에 직접적인 영향을 미친다.

공동체 시장

네트워크 소비가 발전하면
공동체 시장이 형성된다.

공동체 시장은
사람들이 서로 연결되어
시장 활동에 참여하는 구조다.

이 시장에서는

정보 공유
공동 구매
공동 선택

이 중요한 역할을 한다.

이 구조는
전통적인 시장과 다른 특징을 가진다.

전통 시장
기업 중심 시장
공동체 시장
참여 중심 시장

실천리더는
소비를 공동체 관점에서 바라봐야 한다.

현대 경제에서는
개별 소비보다
네트워크 소비가 더 큰 영향을 가진다.

그래서 실천리더는
다음 질문을 해야 한다.

공동체 소비는 시장을 어떻게 변화시키는가?
네트워크 소비는 어떤 경제 구조를 만드는가?
집단 소비는 어떤 힘을 가지는가?

이 질문은
경제를 바라보는 새로운 시각을 만든다.

공동체 소비의 의미

공동체 소비는
단순히 가격을 낮추는 방법이 아니다.

공동체 소비는
사람들의 선택을 모아
경제 구조를 변화시키는 방식이다.

많은 사람들이

같은 방향으로 움직이면
시장은 그 방향으로 변화한다.

그래서 공동체 소비는
경제 변화의 중요한 도구가 될 수 있다.

● KN541의 세 번째 시스템

KN541 경제 모델에서
세 번째 핵심 구조는

공동 구매 네트워크 시스템이다.

KN541은
소비자 네트워크를 통해
시장 수요를 형성한다.

즉,

네트워크 → 공동 구매 → 시장 형성

이라는 구조다.

이 방식은
소비자의 힘을 모아
새로운 경제 질서를 만들 수 있다.

네트워크 소비는 기존 소비와 어떻게 다른가?

공동 구매는 시장 구조에 어떤 영향을 미칠 수 있는가?

공동체 시장은 기존 시장과 어떤 차이를 가지는가?

디지털 시대에는
소비가 네트워크 활동이 되고 있다.

네트워크 소비는
집단 소비 패턴을 만들고
시장 구조에 영향을 준다.

공동 구매와 공동체 소비는
새로운 시장 모델을 만들 수 있다.

KN541 경제 모델은
이러한 네트워크 소비 구조를 기반으로 설계되었다.

12장

참여 경제의 시대

 경제에서 '참여'가 의미하는 것

오랫동안 경제 활동은
생산자와 소비자의 역할이 분리된 구조였다.

기업은 생산을 담당하고
소비자는 상품을 구매하는 역할을 했다.

이 구조에서는
경제 활동의 중심이 기업에 있었다.

그러나 디지털 시대가 등장하면서
경제 활동의 방식이 변화하기 시작했다.

사람들은 더 이상 단순한 소비자가 아니다.

사람들은

**콘텐츠를 만들고
정보를 공유하며
상품을 추천한다.**

이러한 활동은

경제 활동에 직접적인 영향을 미친다.

그래서 오늘날 많은 학자들은
현대 경제를 참여 경제(Participatory Economy)라고 부른다.

참여 경제에서는
사람들의 작은 행동들이
경제 구조에 영향을 미친다.

디지털 공동체와 참여

인터넷은
사람들의 참여를 확대시켰다.

예전에는
경제 활동에 참여하려면
기업을 만들거나 자본이 필요했다.

그러나 디지털 환경에서는
누구나 경제 활동에 참여할 수 있다.

사람들은

**온라인 커뮤니티에서 의견을 나누고
플랫폼을 통해 상품을 추천하며
공동 구매에 참여한다.**

이러한 참여는
경제 활동의 중요한 요소가 된다.

즉, 현대 경제는
점점 참여 중심 구조로 변화하고 있다.

참여와 가치

참여 경제에서는
사람들의 활동 자체가 가치를 만든다.

예를 들어

리뷰 작성

상품 추천

콘텐츠 공유

이러한 활동은
다른 사람들의 선택에 영향을 준다.

이 과정에서
경제적 가치가 만들어진다.

그러나 지금까지의 경제 구조에서는
이 가치가 항상 참여자에게 돌아가지는 않았다.

이것이
새로운 경제 모델이 등장하는 이유다.

참여 경제에서는
다음과 같은 구조가 형성된다.

참여 → 영향 → 시장 변화

사람들의 참여는
다른 사람들의 선택에 영향을 미친다.

그리고 그 선택이 모여
시장 구조를 바꾼다.

이 구조는
기존 경제와 큰 차이를 가진다.

기존 경제 구조
: 기업 → 생산 → 소비

기업이 중심이다.

참여 경제 구조
: 참여 → 네트워크 → 시장 형성

사람들의 참여가 중심이다.

플랫폼과 참여 경제

많은 플랫폼 기업들은

참여 경제 구조를 활용한다.

예를 들어

SNS 플랫폼
콘텐츠 플랫폼
온라인 마켓플레이스

이 플랫폼들은
사용자의 참여를 통해 성장한다.

사용자가 많을수록
플랫폼의 가치도 커진다.

이것을
네트워크 효과라고 한다.

참여 가치의 문제

그러나 여기에는 중요한 문제가 있다.

많은 사람들이 참여하지만
그 가치가 참여자에게 돌아가지 않는 경우가 많다.

예를 들어

사용자 데이터
콘텐츠 활동
리뷰와 추천

이러한 활동은
플랫폼 성장에 큰 영향을 미친다.

그러나 그 경제적 가치는
대부분 플랫폼 기업에 집중된다.

그래서 참여 경제에서는
다음 질문이 등장한다.

참여자가 만든 가치는 누구에게 돌아가야 하는가?

3. 리더 Layer 실천리더의 질문

실천리더는
참여의 의미를 깊이 이해해야 한다.

현대 경제에서
참여는 점점 더 중요한 자산이 되고 있다.

사람들의 활동이
경제적 가치를 만들기 때문이다.

그래서 실천리더는
다음 질문을 해야 한다.

참여는 어떻게 경제적 가치를 만드는가?
참여자의 가치는 어떻게 보상되어야 하는가?
공동체 참여는 어떤 경제 구조를 만들 수 있는가?

참여와 공동체

참여 경제는
개인만을 위한 경제가 아니다.

참여는
공동체를 형성한다.

사람들이 함께 참여하면
더 큰 경제적 가치를 만들 수 있다.

그래서 참여 경제는
공동체 경제로 발전할 수 있다.

이 구조는
KN541 경제 모델의 중요한 기반이 된다.

KN541의 네 번째 시스템

KN541 경제 모델에서
네 번째 핵심 구조는

참여 보상 시스템이다.
KN541은
참여를 경제 가치로 인정한다.

즉,

참여 → 가치 → 보상

이라는 구조를 만든다.

이 구조는
경제 활동을 더 공정하게 만들 수 있다.

참여 경제는 기존 경제와 어떤 차이를 가지는가?
플랫폼 경제에서 참여자의 역할은 무엇인가?
참여자의 가치는 어떻게 보상되어야 하는가?

디지털 시대에는
참여 경제가 등장하고 있다.

사람들의 활동은
경제적 가치를 만든다.

그러나 기존 경제에서는
이 가치가 항상 참여자에게 돌아가지 않았다.
KN541 경제 모델은
참여자의 가치를 인정하는
새로운 경제 구조를 제시한다.

1. 문명 Layer 인간은 공동체적 존재다

인류의 역사를 살펴보면
사람들은 항상 공동체 속에서 살아왔다.

가족
마을
부족
도시

이러한 공동체는
사람들의 생활을 보호하고
협력을 가능하게 했다.

공동체는 단순한 집단이 아니다.

공동체는

서로 돕고
자원을 나누고
함께 문제를 해결하는

협력 구조다.

그래서 공동체는
인류 문명의 중요한 기반이 되어 왔다.

산업 문명과 공동체의 변화

산업 혁명 이후
사람들의 생활 방식은 크게 바뀌었다.

도시는 성장했고
기업은 경제 활동의 중심이 되었다.

많은 사람들이
기업 조직 속에서 일하게 되었고
경제 활동 역시 기업 중심으로 이루어졌다.

이 과정에서
전통적인 공동체 구조는 점점 약해졌다.

사람들은 같은 도시에서 살지만
서로를 잘 알지 못하는 경우가 많아졌다.

경제 활동 역시
공동체보다 기업 중심으로 이루어졌다.

그러나 공동체는 사라지지 않았다

사람들은 여전히
공동체를 필요로 한다.

사람들은

서로 정보를 나누고
경험을 공유하며
협력 관계를 만든다.

디지털 시대에는
이 공동체 구조가 새로운 형태로 나타나고 있다.

온라인 커뮤니티
SNS 네트워크
디지털 협력 그룹

이러한 구조는
새로운 형태의 공동체를 만든다.

이것이 바로
디지털 공동체다.

2. 경제 Layer 공동체 경제란 무엇인가

공동체 경제는
사람들의 협력을 기반으로 하는 경제 구조다.

이 경제에서는
경쟁만이 중요한 요소가 아니다.

협력 역시

중요한 경제 활동이 된다.

공동체 경제에서는

정보 공유
공동 구매
협력 생산

이 중요한 역할을 한다.

이 구조는
전통적인 기업 중심 경제와 다른 특징을 가진다.

기업 중심 경제
: 기업 → 생산 → 소비

기업이 중심이다.

공동체 경제
: 공동체 → 참여 → 경제 활동

사람들의 참여가 중심이다.

공동체와 신뢰

공동체 경제에서
가장 중요한 요소 중 하나는 신뢰다.

사람들은 서로 신뢰할 때

협력할 수 있다.

신뢰가 형성되면

정보 공유가 활발해지고
협력 활동이 늘어나며
경제 활동이 안정적으로 이루어진다.

그래서 공동체 경제에서는
신뢰가 중요한 자산이 된다.

공동체 시장

공동체가 형성되면
그 안에서 경제 활동이 이루어질 수 있다.

예를 들어

공동 구매
지역 소비
커뮤니티 기반 시장

이러한 활동은
공동체 시장을 형성한다.

공동체 시장에서는
가격뿐만 아니라

신뢰

관계
공동 가치

도 중요한 요소가 된다.

3. 리더 Layer   실천리더의 질문

실천리더는
경제를 공동체 관점에서 바라봐야 한다.

현대 경제는
개인의 경쟁만을 강조하는 경우가 많다.

그러나 공동체 경제는
협력의 가치를 강조한다.

그래서 실천리더는
다음 질문을 해야 한다.

공동체는 경제 활동에 어떤 역할을 할 수 있는가?
협력 경제는 기존 경제와 어떻게 다른가?
공동체 시장은 어떤 가능성을 가지는가?

공동체와 책임

공동체 경제에서는
참여자들의 책임이 중요하다.

사람들은 단순히 이익을 얻는 것이 아니라

공동체의 지속성을 생각해야 한다.

예를 들어

공정한 거래

신뢰 기반 협력

공동 가치 존중

이러한 요소는
공동체 경제의 지속 가능성을 만든다.

KN541의 공동체 철학

KN541은
경제를 공동체 관점에서 바라본다.

KN541의 철학은 다음 세 가지 원칙으로 도현된다.

소유 없는 생산

지배 없는 발전

자기주장 없는 행동

이 철학은
공동체 경제의 방향을 제시한다.

경제 활동은
특정 개인의 이익만을 위한 것이 아니라

공동체 전체의 발전을 위한 것이어야 한다.

KN541 경제 모델에서
공동체는 중요한 기반이 된다.

KN541은
참여자들이 협력하여
경제 활동을 만들어 가는 구조를 지향한다.

즉,

참여 → 협력 → 공동체 경제

라는 흐름이다.

토론 질문

공동체 경제는 기존 경제와 어떤 차이를 가지는가?
신뢰는 경제 활동에서 왜 중요한가?
공동체 시장은 어떤 장점을 가질 수 있는가?

핵심 정리

공동체는 인류 문명의 중요한 기반이다.

디지털 시대에는
새로운 형태의 공동체가 등장하고 있다.

이 공동체는
경제 활동에도 영향을 미친다.

KN541 경제 모델은
참여와 협력을 기반으로 하는
공동체 경제를 지향한다.

14장

지구사랑과 새로운 경제 윤리

1. 문명 Layer　경제는 무엇을 위해 존재하는가

인류는 오랫동안 경제 발전을 통해
생활 수준을 높여 왔다.

산업 혁명 이후
생산 능력은 크게 증가했고
많은 사람들이 이전보다 풍요로운 생활을 누리게 되었다.

그러나 경제 성장과 함께
새로운 문제들도 나타났다.

환경 오염
자원 고갈
기후 변화
생태계 파괴

이러한 문제들은
경제 활동이 단순히 생산과 소비의 문제가 아니라는 것을 보여 준다.

경제 활동은
지구 환경과 깊은 관계를 가지고 있기 때문이다.

그래서 오늘날 많은 사람들은
다음과 같은 질문을 던진다.

경제는 무엇을 위해 존재하는가?
단순히 더 많은 생산을 위해 존재하는가?
아니면 인간과 지구의 지속 가능한 미래를 위해 존재하는가?

이 질문은
새로운 경제 윤리를 필요로 한다.

지구 공동체의 시대

현대 사회에서
국가 간의 경계는 점점 더 약해지고 있다.

인터넷과 글로벌 네트워크는
사람들을 빠르게 연결한다.

한 나라에서 발생한 환경 문제는
다른 나라에도 영향을 미친다.

예를 들어

기후 변화
해양 오염
산림 파괴

이러한 문제는
특정 국가만의 문제가 아니다.

이것은
지구 전체의 문제다.

그래서 오늘날 많은 사람들은
인류를 하나의 공동체로 바라보기 시작했다.

이것을
지구 공동체(Earth Community)라고 부른다.

2. 경제 Layer ｜ 지속 가능한 경제

지속 가능한 경제는
현재 세대와 미래 세대가
함께 살아갈 수 있는 경제 구조를 의미한다.

이 경제에서는
단순한 성장만이 목표가 아니다.

다음 세 가지 요소가 균형을 이루어야 한다.

경제 발전
환경 보호
사회적 책임

이 세 가지 요소는
서로 연결되어 있다.

경제 발전이 환경을 파괴한다면

그 경제는 오래 지속될 수 없다.

환경 보호가 경제 활동을 완전히 제한한다면
사람들의 생활은 어려워질 수 있다.

그래서 지속 가능한 경제는
이 세 가지 요소의 균형을 중요하게 생각한다.

소비와 환경

소비는 환경에 큰 영향을 미친다.

사람들이 어떤 상품을 선택하는지에 따라
생산 구조가 달라지기 때문이다.

예를 들어

친환경 제품 소비

재활용 제품 사용

공정 무역 상품 선택

이러한 소비는
환경과 사회에 긍정적인 영향을 줄 수 있다.

그래서 현대 경제에서는
윤리적 소비(Ethical Consumption)라는 개념이 등장했다.

윤리적 소비는
단순한 가격이나 편리함만이 아니라

환경

노동 조건

사회적 가치

를 고려하는 소비 방식이다.

지구사랑 경제

지구사랑 경제는

경제 활동이 지구 환경과 조화를 이루는 것을 목표로 한다.

이 경제에서는

다음과 같은 원칙이 중요하다.

자원의 책임 있는 사용

환경 보호

공동체 가치

지구사랑 경제는

단순한 환경 보호 운동이 아니다.

이것은

경제 구조를 바라보는 새로운 시각이다.

3. 리더 Layer 실천리더의 질문

실천리더는

경제를 윤리적 관점에서도 바라봐야 한다.

경제 활동은
단순히 이익을 얻기 위한 것이 아니다.

경제 활동은
사람들과 환경에 영향을 미친다.

그래서 실천리더는
다음 질문을 해야 한다.

우리의 소비는 지구에 어떤 영향을 미치는가?
경제 활동은 어떻게 지속 가능해야 하는가?
공동체와 환경을 고려한 경제는 어떤 모습이어야 하는가?

책임 있는 소비

실천리더는
책임 있는 소비를 실천해야 한다.

책임 있는 소비는
단순히 가격이 낮은 상품을 선택하는 것이 아니다.

다음과 같은 요소를 함께 고려하는 것이다.

환경 영향
생산 과정
공동체 가치

이러한 소비는
경제 구조를 변화시킬 수 있다.

KN541은
경제 활동이 지구와 조화를 이루어야 한다고 생각한다.

그래서 KN541 경제 모델에는
지구사랑 철학이 포함되어 있다.

KN541 시스템에서는
경제 활동을 통해 발생하는 잉여 중 일부가
지구 공동체를 위해 사용된다.

이 구조는
경제 활동이 단순한 이익 창출을 넘어
공동체와 환경을 위한 역할을 하도록 만든다.

KN541 철학의 중심

KN541의 철학은 다음 세 가지 원칙으로 표현된다.

소유 없는 생산
지배 없는 발전
자기주장 없는 행동

이 철학은
경제 활동이 공동체와 지구를 위해
조화롭게 이루어져야 한다는 방향을 제시한다.

경제 발전과 환경 보호는 어떻게 균형을 이룰 수 있는가?

윤리적 소비는 시장 구조에 어떤 영향을 미칠 수 있는가?

지구 공동체 관점에서 경제를 바라보는 것은 왜 중요한가?

핵심 정리

경제는 단순한 생산과 소비의 문제가 아니다.

경제 활동은
환경과 사회에 영향을 미친다.

그래서 현대 사회에서는
지속 가능한 경제와 윤리적 소비가 중요해지고 있다.

KN541 경제 모델은
지구 공동체와 조화를 이루는
경제 구조를 지향한다.

PART 4

새로운 경제 질서

15장

플랫폼 경제와 새로운 시장 구조

1. 문명 Layer 플랫폼은 어떻게 새로운 시장이 되었는가

21세기 경제를 이해하려면
먼저 플랫폼이라는 개념을 이해해야 한다.

오늘날 세계 경제에서 가장 큰 영향력을 가진 기업들을 살펴보면
하나의 공통점을 발견할 수 있다.

애플

아마존

구글

알리바바

마이크로소프트

이 기업들은 단순한 제조 기업이 아니다.

이 기업들은
플랫폼 기업이다.

플랫폼 기업은
상품을 단순히 생산하는 기업이 아니라
사람들과 기업을 연결하는 시장 구조 자체를 만든다.

예를 들어
아마존은
책을 만드는 회사가 아니다.

그러나 아마존은
세계 최대의 책 판매 시장을 만들었다.

구글은
콘텐츠를 생산하는 회사가 아니다.

그러나 구글은
세계 최대의 정보 검색 시장을 만들었다.

이것이 바로
플랫폼 경제의 특징이다.

플랫폼 기업은
상품이 아니라
시장 자체를 만든다.

시장의 구조가 바뀌고 있다

산업 문명에서는
시장 구조가 비교적 단순했다.

생산자 → 유통 → 소비자

기업은 상품을 생산하고

유통망을 통해 소비자에게 판매했다.
그러나 플랫폼 경제에서는
시장 구조가 완전히 달라진다.

참여자 ↔ 플랫폼 ↔ 참여자

플랫폼은
사람들과 기업을 연결한다.

그리고 그 연결 속에서
경제 활동이 이루어진다.

그래서 플랫폼 경제에서는
연결 자체가 가치가 된다.

플랫폼이 만드는 새로운 문명

플랫폼 경제는 단순한 산업 변화가 아니다.

이것은
경제 문명의 변화다.

플랫폼은

시장 구조를 바꾸고
정보 흐름을 바꾸며
경제 권력의 중심을 바꾼다.

과거에는

생산 능력이 권력이었다.

그다음에는

자본이 권력이 되었다.
그러나 플랫폼 시대에는
네트워크가 권력이 된다.

2. 경제 Layer 플랫폼 경제의 핵심 구조

플랫폼 경제의 핵심은
네트워크 효과(Network Effect)다.

네트워크 효과란
참여자가 많아질수록
플랫폼의 가치가 커지는 현상을 말한다.

예를 들어
사용자가 10명인 플랫폼보다
사용자가 1000만 명인 플랫폼이
훨씬 더 큰 가치를 가진다.

왜냐하면
더 많은 연결이 가능하기 때문이다.

플랫폼의 세 가지 구조

플랫폼 경제는
세 가지 핵심 구조를 가진다.

① **연결 구조**

플랫폼은
사람과 사람
기업과 소비자
기업과 기업을 연결한다.

이 연결이
경제 활동의 기반이 된다.

② **데이터 구조**

플랫폼은
사용자의 행동 데이터를 축적한다.

이 데이터는

소비 패턴
시장 트렌드
상품 수요

를 분석하는 데 사용된다.

그래서 데이터는
플랫폼 경제의 중요한 자산이 된다.

③ **참여 구조**

플랫폼은
많은 사람들의 참여를 기반으로 성장한다.

사용자들이

콘텐츠를 만들고
정보를 공유하며
상품을 추천한다.

이 참여가
플랫폼의 가치를 높인다.

플랫폼 경제의 문제

플랫폼 경제는
많은 혁신을 만들었지만
새로운 문제도 만들었다.

첫 번째 문제는
권력 집중이다.

소수의 플랫폼 기업이
막대한 경제 권력을 가지게 되었다.

두 번째 문제는
데이터 독점이다.

플랫폼 기업은
사용자 데이터를 독점적으로 보유한다.

세 번째 문제는
참여 가치의 불균형이다.

많은 사람들이 플랫폼에 참여하지만
그 경제적 가치는
대부분 플랫폼 기업에 집중된다.

3. 리더 Layer 실천리더의 질문

실천리더는
플랫폼 경제를 깊이 이해해야 한다.

왜냐하면
오늘날 시장 구조의 중심이
플랫폼이기 때문이다.

그래서 실천리더는
다음 질문을 해야 한다.

플랫폼은 왜 강력한 경제 구조인가?
네트워크 효과는 어떻게 작동하는가?
플랫폼 경제의 한계는 무엇인가?

이 질문은
새로운 경제 모델을 생각하게 만든다.

KN541이 던지는 질문

KN541은
플랫폼 경제를 완전히 부정하지 않는다.

그러나 중요한 질문을 던진다.

플랫폼은 누구를 위해 존재하는가?

플랫폼은

기업을 위한 것인가?
자본을 위한 것인가?

아니면
참여자를 위한 것인가?

이 질문은
새로운 플랫폼 구조를 생각하게 만든다.

KN541의 방향

KN541은
참여자가 중심이 되는 경제 구조를 지향한다.

이 구조에서는

소비자가 시장을 만들고
참여자가 가치를 만들며
공동체가 경제를 성장시킨다.

즉,

참여 → 시장 형성 → 공동체 성장

이라는 구조다.

이것이
KN541이 바라보는 새로운 경제 질서다.

플랫폼 경제는 기존 경제 구조와 어떻게 다른가?
네트워크 효과는 왜 중요한가?
플랫폼 경제의 한계는 무엇인가?

플랫폼 경제는
21세기 경제의 핵심 구조다.

플랫폼은
사람들과 기업을 연결하고
네트워크 효과를 통해 성장한다.

그러나 플랫폼 경제는
권력 집중과 데이터 독점 문제도 가지고 있다.
이러한 문제는
새로운 경제 모델의 필요성을 제기한다.

1. 문명 Layer 데이터가 새로운 자산이 된 시대

21세기 경제를 설명할 때
많은 사람들이 사용하는 표현이 있다.

"데이터가 새로운 석유다."

이 표현은
데이터가 현대 경제에서 매우 중요한 자원이 되었음을 의미한다.

과거 산업 시대에는
경제 성장의 핵심 자원이 명확했다.

석탄
석유
철강
기계

이러한 자원은
산업 생산을 가능하게 했고
경제 성장을 이끌었다.

그러나 디지털 시대에는

경제의 중심 자원이 점점 달라지고 있다.

오늘날 많은 기업들은
물리적인 자산보다
데이터 자산을 더 중요하게 생각한다.

예를 들어

구글은
사용자의 검색 데이터를 기반으로
세계 최대의 광고 플랫폼을 만들었다.

아마존은
소비자의 구매 데이터를 분석하여
상품 추천 시스템을 발전시켰다.

넷플릭스는
사용자의 시청 데이터를 분석하여
콘텐츠 제작 전략을 세운다.

이러한 사례는
하나의 중요한 사실을 보여 준다.

현대 경제에서는
데이터가 시장을 움직이는 핵심 자산이 되었다.

데이터가 만드는 새로운 권력

데이터는 단순한 정보가 아니다.

데이터는
경제 권력을 형성하는 요소가 된다.

왜냐하면 데이터를 통해
다음과 같은 일을 할 수 있기 때문이다.

소비 패턴 분석
시장 트렌드 예측
개인 맞춤 서비스 제공
광고 효율 극대화

이러한 능력은
기업에게 매우 큰 경쟁력을 제공한다.

그래서 데이터는
오늘날 경제에서 가장 중요한 자산 중 하나가 되었다.

2. 경제 Layer　데이터 경제의 구조

데이터 경제는
사람들의 행동이 데이터로 기록되고
그 데이터가 경제 활동에 활용되는 구조를 의미한다.

이 구조는
다음과 같은 흐름을 가진다.

사용자 행동 → 데이터 생성 → 데이터 분석 → 경제 전략

사람들이

검색하고
클릭하고
구매하고

콘텐츠를 소비하는

모든 행동은 데이터로 기록된다.

그리고 이 데이터는
기업의 전략을 결정하는 중요한 정보가 된다.

데이터 플랫폼

많은 플랫폼 기업들은
데이터를 중심으로 경제 모델을 만든다.

예를 들어

구글
검색 데이터를 기반으로
광고 시장을 운영한다.

아마존
구매 데이터를 기반으로
상품 추천 시스템을 운영한다.

페이스북(메타)
사용자의 활동 데이터를 기반으로
맞춤형 광고 서비스를 제공한다.

이러한 기업들은
데이터를 통해 시장 경쟁에서
큰 우위를 확보한다.

데이터 독점 문제

그러나 데이터 경제에는
중요한 문제가 존재한다.

바로 데이터 독점이다.

소수의 플랫폼 기업이
막대한 양의 데이터를 보유하게 되면서
경제 권력이 집중되는 현상이 나타나고 있다.

이러한 구조에서는

작은 기업이 경쟁하기 어렵고
시장 진입 장벽이 높아지며
데이터 권력이 소수 기업에 집중된다.

그래서 많은 경제학자들은
데이터 경제가 새로운 형태의 권력 구조를 만들고 있다고 지적한다.

데이터의 진짜 생산자

여기서 중요한 질문이 등장한다.

이 데이터는 누구에 의해 만들어지는가?

데이터를 만드는 것은
기업이 아니다.

데이터를 만드는 것은
바로 사람들의 행동이다.

사람들이

검색하고
클릭하고
구매하고

콘텐츠를 공유하면서

데이터가 만들어진다.

즉, 데이터 경제의 출발점은
사람들의 참여다.

3. 리더 Layer 실천리더의 질문

실천리더는
데이터 경제를 새로운 시각으로 바라봐야 한다.

현대 경제에서는
사람들의 행동이 경제 자산이 된다.

그래서 실천리더는
다음 질문을 해야 한다.

데이터는 누구의 자산인가?
데이터로 만들어진 가치는 어떻게 분배되어야 하는가?
참여자의 데이터는 어떤 경제 구조를 만들어야 하는가?

이 질문은
기존 경제 구조를 넘어
새로운 경제 모델을 생각하게 만든다.

KN541이 바라보는 데이터

KN541은
데이터 경제를 새로운 관점에서 바라본다.

데이터는
사람들의 참여에서 만들어진다.

따라서 데이터 경제는
참여자 중심 구조로 발전할 수 있다.

즉,

참여 → 데이터 → 공동체 가치

라는 흐름이다.

이 구조에서는
참여자가 경제 활동의 중심이 된다.

KN541의 방향

KN541 경제 모델은
사람들의 참여를 기반으로
경제 구조를 다시 설계하려는 시도다.

여기서 중요한 것은
참여자의 가치다.

사람들이 만든 데이터와 활동은
경제적 가치를 만든다.

그래서 KN541은
이 가치가 공동체 속에서 순환되는 구조를 지향한다.

토론 질문

데이터 경제는 기존 경제와 어떤 차이를 가지는가?
데이터는 왜 중요한 경제 자산이 되었는가?
데이터로 만들어진 가치는 누구에게 돌아가야 하는가?

핵심 정리

디지털 시대에는
데이터가 중요한 경제 자산이 되었다.

사람들의 행동은 데이터로 기록되고
그 데이터는 경제 전략을 결정하는 요소가 된다.

그러나 데이터 경제에서는
권력 집중 문제가 나타나고 있다.

KN541 경제 모델은
참여자 중심의 데이터 경제 가능성을 제시한다.

1. 문명 Layer   연결이 문명을 바꾼다

인류 문명의 발전을 살펴보면
하나의 중요한 특징을 발견할 수 있다.

바로 연결의 확대다.

인류 초기 사회에서는
사람들의 연결 범위가 매우 제한적이었다.

사람들은 작은 마을이나 부족 공동체 안에서
서로 협력하며 살아갔다.

그러나 시간이 지나면서
연결의 범위는 점점 넓어졌다.

교통의 발전

통신 기술의 발전

인터넷의 등장

이러한 변화는
사람들 사이의 연결을 크게 확대시켰다.

특히 인터넷은
인류 역사상 가장 강력한 연결 시스템을 만들었다.

지구 반대편에 있는 사람과도
순간적으로 소통할 수 있게 되었기 때문이다.

이러한 연결의 확대는
경제 구조에도 큰 변화를 가져왔다.

연결이 만드는 새로운 경제

과거 경제에서는
물리적 자원이 중요했다.

토지
공장
기계
자본

이러한 자원을 가진 기업이
경제에서 우위를 차지할 수 있었다.

그러나 디지털 시대에는
새로운 경제 자원이 등장했다.

그것은 바로 연결(Network)이다.

사람들과 기업을 연결할 수 있는 능력은
경제에서 매우 중요한 자산이 되었다.

그래서 오늘날 많은 경제학자들은
현대 경제를 네트워크 경제(Network Economy)라고 부른다.

2. 경제 Layer 네트워크 효과

네트워크 경제의 핵심 개념은
네트워크 효과(Network Effect)다.

네트워크 효과란
참여자가 많아질수록
서비스나 플랫폼의 가치가 증가하는 현상을 의미한다.

예를 들어
전화 시스템을 생각해 보자.

전화 사용자가 한 명뿐이라면
그 전화는 아무런 가치가 없다.

그러나 전화 사용자가 많아질수록
전화 시스템의 가치는 커진다.

이것이 바로 네트워크 효과다.

플랫폼과 네트워크 효과

많은 플랫폼 기업들은
네트워크 효과를 기반으로 성장한다.

예를 들어

아마존
판매자와 소비자가 많아질수록
시장 규모가 커진다.

유튜브
콘텐츠 제작자가 많아질수록
사용자도 늘어난다.

에어비앤비
숙소 제공자가 많아질수록
여행자도 늘어난다.

이러한 구조는
플랫폼을 빠르게 성장하게 만든다.

그래서 플랫폼 기업들은
네트워크를 확장하는 데 집중한다.

● 네트워크 경제의 특징

네트워크 경제는
세 가지 특징을 가진다.

① 연결 가치

경제 활동의 중심이
연결에 있다.

사람들이 서로 연결될수록
경제 활동의 기회가 증가한다.

② **참여 확대**
많은 사람들이 참여할수록
경제 시스템이 성장한다.

③ **확장 속도**
네트워크 경제에서는
성장의 속도가 매우 빠르다.

한번 네트워크가 형성되면
참여자가 빠르게 증가할 수 있다.

네트워크 집중 문제
그러나 네트워크 경제에도
문제가 존재한다.

네트워크 효과가 강해질수록
소수의 기업이 시장을 독점할 가능성이 높아진다.

예를 들어

검색 시장에서는 구글
온라인 쇼핑에서는 아마존
SNS 시장에서는 메타

이러한 기업들은
막대한 네트워크를 기반으로
시장 지배력을 가지게 되었다.

그래서 네트워크 경제에서는
시장 집중 문제가 나타나기도 한다.

3. 리더 Layer　실천리더의 질문

실천리더는
네트워크 경제를 이해해야 한다.

왜냐하면 현대 경제에서는
연결이 중요한 자산이기 때문이다.

그래서 실천리더는
다음 질문을 해야 한다.

네트워크 효과는 어떻게 시장을 성장시키는가?
네트워크 경제는 어떤 기회를 만드는가?
네트워크 경제의 문제는 무엇인가?

이 질문은
새로운 경제 구조를 생각하게 만든다.

공동체 네트워크의 가능성

네트워크 경제는
반드시 대기업 중심으로만 발전해야 하는 것은 아니다.

사람들이 협력하여
공동체 네트워크를 만들 수도 있다.

예를 들어

공동 구매 네트워크
커뮤니티 기반 시장
협력 경제 시스템

이러한 구조는
사람들의 참여를 기반으로
새로운 경제 모델을 만들 수 있다.

KN541의 네트워크 철학

KN541은
네트워크 경제를 공동체 관점에서 바라본다.

KN541에서 네트워크는
단순한 기술 구조가 아니다.

네트워크는
사람들의 협력과 참여를 연결하는 구조다.

즉,

참여 → 연결 → 공동체 경제

라는 흐름이다.

이 구조에서는
많은 사람들이 함께 참여할수록

경제 시스템이 성장한다.

네트워크 효과는 왜 플랫폼 경제에서 중요한가?

네트워크 경제는 어떤 기회를 제공하는가?

공동체 네트워크는 기존 경제와 어떻게 다른가?

디지털 시대에는
연결이 중요한 경제 자산이 되었다.

네트워크 효과는
플랫폼 기업의 성장 기반이 된다.

그러나 네트워크 경제는
시장 집중 문제도 만들 수 있다.

KN541 경제 모델은
참여와 협력을 기반으로 하는
공동체 네트워크 경제의 가능성을 제시한다.

18장

공동체 시장과 새로운 유통 질서

1. 문명 Layer 유통은 왜 중요한가

경제 활동에서 유통은 매우 중요한 역할을 한다.

생산된 상품이
소비자에게 전달되지 않으면
경제 활동은 완성되지 않는다.

그래서 유통은
경제 시스템에서 중요한 연결 구조다.

산업 문명 이후
유통 시스템은 크게 발전했다.

대형 유통 기업
물류 시스템
글로벌 공급망

이러한 구조는
상품을 빠르게 이동시키고
대량 판매를 가능하게 만들었다.

그러나 유통 시스템의 발전은

또 다른 변화를 만들었다.

바로 유통 권력의 등장이다.

유통 권력의 형성

대형 유통 기업들은
시장 접근을 통제할 수 있는 위치에 서게 되었다.

많은 제조 기업들은
유통 채널에 들어가기 위해
유통 기업의 조건을 받아들여야 했다.

그래서 유통 기업은

상품 가격
판매 조건
시장 접근

등에 영향을 미칠 수 있게 되었다.

이 구조에서는
유통 채널을 가진 기업이
강력한 경제 권력을 가지게 된다.

디지털 시대의 유통 변화

인터넷과 모바일 기술의 발전은
유통 구조에도 변화를 가져왔다.

온라인 쇼핑
전자 상거래
디지털 플랫폼

이러한 시스템은
상품 유통 방식을 크게 바꾸었다.

소비자는 이제
온라인을 통해 다양한 상품을 비교하고
직접 구매할 수 있다.

그러나 디지털 유통 역시
새로운 형태의 권력 구조를 만들었다.

대형 플랫폼 기업들은
온라인 시장에서 중요한 역할을 하게 되었기 때문이다.

2. 경제 Layer 공동체 시장의 등장

디지털 네트워크의 발전은
새로운 형태의 시장을 가능하게 만들었다.

그것이 바로 공동체 시장이다.

공동체 시장은
사람들의 연결과 참여를 기반으로 형성되는 시장 구조다.

이 시장에서는

다음과 같은 활동이 이루어진다.

정보 공유
공동 구매
집단 소비

이러한 활동은
시장 형성 과정에 영향을 미친다.

● **공동체 유통**

공동체 시장에서는
유통 구조도 달라질 수 있다.

전통적인 유통 구조
: 생산 → 유통 기업 → 소비

공동체 유통 구조
: 소비 네트워크 → 시장 형성 → 생산

이 구조에서는
소비자 네트워크가
시장 형성에 중요한 역할을 한다.

● **참여 기반 시장**

공동체 시장에서는
사람들의 참여가 핵심 요소가 된다.

많은 사람들이

상품 정보를 공유하고
구매 경험을 나누며
공동 구매에 참여한다.

이러한 활동은
시장 형성 속도를 빠르게 만든다.

그래서 공동체 시장은
참여 기반 시장이라고도 할 수 있다.

공동체 유통의 장점

공동체 기반 유통 구조는
몇 가지 중요한 장점을 가진다.

① 정보 투명성

사람들이 경험을 공유하면서
상품 정보가 더 투명해진다.

② 가격 경쟁력

공동 구매를 통해
더 합리적인 가격이 형성될 수 있다.

③ 참여 확대

많은 사람들이
시장 형성 과정에 참여할 수 있다.

실천리더는
유통 구조를 새로운 시각에서 바라봐야 한다.

왜냐하면
유통 구조는 시장 권력과 깊은 관계가 있기 때문이다.

그래서 실천리더는
다음 질문을 해야 한다.

유통 구조는 시장 권력에 어떤 영향을 미치는가?
공동체 시장은 어떤 가능성을 가지는가?
기반 유통은 기존 유통과 어떻게 다른가?

공동체 유통의 의미

공동체 유통은
단순히 상품을 판매하는 방식이 아니다.

이 구조는
사람들의 참여를 통해
시장 질서를 변화시킬 수 있다.

많은 사람들이
같은 방향으로 움직이면
시장 구조 역시 변화할 수 있기 때문이다.

KN541의 유통 철학

KN541 경제 모델은
참여 기반 유통 구조를 중요하게 생각한다.

KN541에서는
소비자 네트워크가
시장 형성의 출발점이 된다.

즉,

참여 네트워크 → 시장 형성 → 생산

이라는 흐름이다.

이 구조에서는
소비자가 단순한 구매자가 아니라
시장 형성의 주체가 된다.

토론 질문

유통 구조는 시장 권력에 어떤 영향을 미치는가?
공동체 시장은 기존 시장과 어떤 차이를 가지는가?
참여 기반 유통은 어떤 장점을 가질 수 있는가?

핵심 정리

유통은 경제 활동에서 중요한 역할을 한다.

그러나 전통적인 유통 구조에서는

유통 기업이 큰 권력을 가지기도 한다.

디지털 시대에는
공동체 시장과 참여 기반 유통 구조가 등장하고 있다.

KN541 경제 모델은
참여 네트워크를 기반으로 하는
새로운 유통 질서를 제시한다.

19장

지구 공동체 경제와 새로운 문명

1. 문명 Layer　인류는 하나의 공동체가 되고 있다

인류의 역사에서
사람들의 생활 범위는 점점 확대되어 왔다.

처음에는
작은 부족 공동체였다.

그다음에는
마을과 도시가 형성되었다.

이후 국가가 등장했고
국가 단위의 사회가 만들어졌다.

그러나 21세기에는
또 하나의 중요한 변화가 나타나고 있다.

바로 지구 공동체의 등장이다.

인터넷과 글로벌 네트워크는
세계 곳곳의 사람들을 연결하고 있다.

지리적 거리는

더 이상 큰 장벽이 아니다.
사람들은 서로의 문화를 이해하고
경제 활동을 공유하며
협력 관계를 형성한다.

이러한 변화는
인류가 점점 하나의 공동체로 발전하고 있음을 보여 준다.

지구 공동체의 의미

지구 공동체라는 개념은
단순히 세계가 연결된다는 의미만을 가지지 않는다.

이 개념은
다음과 같은 생각을 포함한다.

지구 환경은 모두의 자산이다.
경제 활동은 공동 책임을 가진다.
인류는 서로 협력해야 한다.

즉,
지구 공동체라는 개념은

경제와 문명을 바라보는 새로운 관점을 제시한다.

새로운 문명의 질문

오늘날 인류는
중요한 질문 앞에 서 있다.

경제는 어디로 가야 하는가?
경쟁만을 중심으로 하는 경제인가?
아니면 협력을 기반으로 하는 경제인가?

자원의 소비만을 중심으로 하는 경제인가?
아니면 지속 가능한 경제인가?

이 질문은
새로운 문명 방향을 요구한다.

2. 경제 Layer　지구 공동체 경제

지구 공동체 경제는
인류 전체의 지속 가능성을 고려하는 경제 구조다.

이 경제에서는
다음 세 가지 요소가 중요하다.

협력
지속 가능성
공동 책임

이 세 가지 요소는
현대 경제가 직면한 문제를 해결하는 데 중요한 역할을 한다.

협력 경제

지구 공동체 경제에서는
협력이 중요한 가치가 된다.

협력은
경쟁을 완전히 부정하는 개념이 아니다.

협력은
경제 활동이 공동체 전체에
긍정적인 영향을 주도록 만드는 방식이다.

예를 들어

공동 연구
공동 생산
공동 소비

이러한 협력 활동은
경제 효율성을 높일 수 있다.

지속 가능한 경제

지속 가능한 경제는
현재 세대뿐 아니라
미래 세대도 고려하는 경제 구조다.

이 경제에서는

자원의 책임 있는 사용
환경 보호
장기적 균형

이 중요한 기준이 된다.

이러한 관점은
지구 공동체 경제의 핵심 요소다.

● 공동 책임

지구 공동체 경제에서는
경제 활동의 결과에 대한 책임이 중요하다.

기업
정부
개인

모두가 경제 활동에 영향을 미친다.

그래서 경제 활동의 결과 역시
공동 책임이라는 관점에서 바라볼 필요가 있다.

3. 리더 Layer 실천리더의 질문

실천리더는
경제를 단순한 이익 구조로만 바라보지 않는다.

실천리더는
경제 활동이 사회와 환경에 어떤 영향을 미치는지 고민해야 한다.

그래서 다음 질문이 중요하다.

경제 활동은 공동체에 어떤 영향을 미치는가?
우리의 소비는 지구 환경에 어떤 영향을 주는가?

지속 가능한 경제는 어떤 구조를 가져야 하는가?

이 질문은
경제를 바라보는 새로운 시각을 만든다.

협력 문명의 가능성

지금까지 인류 문명은
경쟁 중심 구조로 발전해 왔다.

그러나 디지털 시대에는
협력 기반 문명이 가능해지고 있다.

사람들은

정보를 공유하고
지식을 나누며
공동 프로젝트에 참여한다.

이러한 활동은
협력 기반 문명을 만들 수 있다.

KN541의 문명 철학

KN541은
경제를 공동체와 지구 관점에서 바라본다.

KN541의 철학은
다음 세 가지 원칙으로 표현된다.

소유 없는 생산

지배 없는 발전

자기주장 없는 행동

이 철학은
협력과 공동체를 기반으로 하는
새로운 경제 문명의 방향을 제시한다.

KN541이 바라보는 미래

KN541은
경제 구조를 다음과 같은 방향으로 바라본다.

참여 → 협력 → 공동체 경제 → 지구 공동체

이 흐름은
경제 활동이 개인의 이익을 넘어
공동체와 지구 전체의 발전으로 이어지는 구조다.

토론 질문

지구 공동체 경제는 기존 경제와 어떤 차이를 가지는가?

협력 경제는 어떤 가능성을 가지는가?

지속 가능한 경제는 어떤 방향으로 발전해야 하는가?

핵심 정리

21세기에는
지구 공동체라는 새로운 개념이 등장하고 있다.

경제 활동 역시
이 공동체 관점에서 바라볼 필요가 있다.
협력, 지속 가능성, 공동 책임은
미래 경제의 중요한 요소가 될 수 있다.

KN541 경제 모델은
이러한 방향 속에서
공동체 중심 경제의 가능성을 제시한다.

1. 문명 Layer　새로운 문명의 전환점

인류의 역사는
문명의 전환 과정이었다.

농업 혁명은
정착 사회를 만들었다.

사람들은 토지를 기반으로
경제 활동을 시작했다.

그다음 등장한 것은
산업 혁명이었다.

산업 혁명은
대량 생산 경제를 만들었고
기업 중심 경제 구조를 형성했다.

그리고 지금
우리는 또 하나의 전환점에 서 있다.

바로 디지털 문명이다.

디지털 기술은

사람들을 서로 연결하고
정보를 빠르게 공유하게 만들었다.

이 변화는
경제 구조에도 영향을 미치고 있다.

소비자는 더 이상
단순한 구매자가 아니다.

소비자는

정보를 공유하고
상품을 추천하며
시장 선택에 영향을 준다.

이러한 변화는
소비 주권 문명의 가능성을 보여 준다.

소비 주권 문명의 의미

소비 주권 문명은
소비자의 선택이
경제 구조를 형성하는 문명이다.

이 문명에서는

소비자의 참여가 중요하고
공동체 네트워크가 시장을 만들며
협력 경제가 발전한다.

즉, 경제의 중심이
기업에서 소비자로 이동한다.

2. 경제 Layer KN541 경제 모델

KN541은
이러한 변화 속에서 등장한
경제 모델이다.

KN541은
소비자의 참여를 기반으로
경제 구조를 다시 설계하려는 시도다.

KN541 경제 모델의 기본 구조는
다음과 같다.

소비 → 시장 형성 → 생산 → 공동체 순환

이 구조에서는
소비자가 시장의 출발점이 된다.

● KN541 경제 구조의 특징

KN541 경제 모델은
다음과 같은 특징을 가진다.

① 참여 중심 경제

경제 활동의 중심이
참여에 있다.

사람들의 참여가
시장 형성에 중요한 역할을 한다.

② 공동체 네트워크

경제 활동은
네트워크를 통해 이루어진다.

많은 사람들이 연결될수록
경제 시스템은 성장한다.

③ 협력 기반 경제

경쟁뿐 아니라
협력 역시 중요한 요소가 된다.

사람들은 함께 참여하여
경제 가치를 만들 수 있다.

소비 주권과 경제 질서

소비 주권 경제에서는
소비자의 선택이 시장을 결정한다.

기업은
소비자의 선택을 존중해야 한다.

소비자가 원하는 상품은
시장에서 성장한다.

반대로

소비자가 선택하지 않는 상품은
시장에서 사라진다.

그래서 소비 주권 경제에서는
소비자의 역할이 매우 중요하다.

3. 리더 Layer 실천리더의 역할

실천리더는
이 새로운 경제 흐름을 이해하고
공동체 속에서 실천하는 사람이다.

실천리더는

소비의 의미를 이해하고
참여 경제를 실천하며
공동체 협력을 촉진한다.

실천리더의 역할은
경제 구조를 바꾸는 작은 행동에서 시작된다.

소비의 힘

사람들의 소비는
경제 구조에 영향을 미친다.

어떤 상품을 선택하는지
어떤 기업을 지지하는지
어떤 가치를 중요하게 생각하는지

이러한 선택은
시장 구조를 변화시킬 수 있다.

그래서 소비는
단순한 구매가 아니라

경제적 행동이다.

KN541의 핵심 철학

KN541은
세 가지 핵심 철학을 중심으로 한다.

소유 없는 생산
지배 없는 발전
자기주장 없는 행동

이 철학은
경제 활동이 공동체와 협력을 중심으로 이루어져야 한다는
방향을 제시한다.

각자가 KN541이다

KN541의 중요한 메시지는
다음과 같다.

각자가 KN541이다.

KN541은
특정 기업이나 조직이 아니다.

KN541은
경제를 바라보는 새로운 관점이며
참여와 협력을 기반으로 하는
경제 철학이다.

그래서 KN541은
모든 사람의 참여 속에서
성장할 수 있다.

소비 주권 문명의 시작

지금 우리는
새로운 문명의 시작점에 서 있다.

소비자의 참여

네트워크 연결

공동체 협력

이러한 요소들은
새로운 경제 질서를 만들 수 있다.

KN541은
이 변화 속에서

소비 주권 문명의 가능성을 제시한다.

소비 주권 문명은 기존 경제와 어떤 차이를 가지는가?
참여 경제는 어떤 가능성을 가지는가?
실천리더는 어떤 역할을 할 수 있는가?

핵심 정리

디지털 시대에는
소비자의 영향력이 커지고 있다.

소비자의 참여와 네트워크 연결은
새로운 경제 구조를 만들 수 있다.

KN541 경제 모델은
참여와 협력을 기반으로 하는
소비 주권 경제의 가능성을 제시한다.

장별 Think Question

Chapter 1 Think

문명의 변화는 경제 구조에 어떤 영향을 미치는가?
디지털 문명은 기존 경제와 어떻게 다른가?

Chapter 5 Think

시장 왜곡은 왜 발생하는가?
광고 경제가 소비자 선택에 미치는 영향은 무엇인가?

Chapter 8 Think

소비자의 선택이 시장 구조를 바꾼 사례를 생각해 보라.
네트워크 소비는 기존 소비와 어떻게 다른가?

Chapter 12 Think

참여 경제에서 개인의 행동이 가지는 의미는 무엇인가?
플랫폼 경제에서 참여자의 역할은 무엇인가?

Chapter 16 Think

데이터 경제에서 데이터의 가치가 커지는 이유는 무엇인가?
데이터 경제에서 소비자의 권리는 어떻게 보호될 수 있는가?

Chapter 19 Think

협력 경제는 경쟁 경제와 어떻게 다른가?
지구 공동체 관점에서 경제를 바라보는 이유는 무엇인가?
KN541 실천리더 2급 최종 평가 시험 50문항

최종 평가 시험 50문항

객관식(1~35)

01 농업 문명에서 경제 권력의 중심은 무엇이었는가?

① 기술
② 토지
③ 데이터
④ 네트워크

정답: ②

02 산업 문명에서 경제 구조의 중심은 무엇이었는가?

① 공동체
② 생산
③ 소비
④ 참여

정답: ②

03 자본주의 경제의 핵심 원리가 아닌 것은 무엇인가?

① 사유 재산
② 자유 경쟁
③ 중앙 통제
④ 시장 가격

정답: ③

04 디지털 문명의 핵심 특징으로 가장 적절한 것은 무엇인가?

① 대량 생산
② 토지 소유
③ 네트워크 연결
④ 군사력 확대

정답: ③

---

05 현대 경제에서 '데이터가 새로운 자산'이라고 말하는 이유는 무엇인가?

① 데이터는 기업의 재산이기 때문이다
② 데이터는 생산 비용을 줄이기 때문이다
③ 데이터는 소비 행동을 분석할 수 있기 때문이다
④ 데이터는 정부가 관리하기 때문이다

정답: ③

---

06 주의 경제(Attention Economy)의 의미는 무엇인가?

① 사람들의 관심이 경제적 자원이 되는 경제
② 정부 정책 중심 경제
③ 산업 중심 경제
④ 생산 설비 중심 경제

정답: ①

---

07 소비 주권(Consumer Sovereignty)의 의미는 무엇인가?

① 기업이 시장을 결정한다
② 정부가 시장을 통제한다
③ 소비자의 선택이 시장을 형성한다
④ 유통 기업이 시장을 결정한다

정답: ③

08 네트워크 소비의 특징으로 가장 적절한 것은 무엇인가?

① 개인 소비
② 정부 소비
③ 정보 공유 기반 소비
④ 생산 중심 소비

정답: ③

09 공동 구매의 가장 큰 특징은 무엇인가?

① 개인 구매
② 집단 소비
③ 기업 구매
④ 정부 구매

정답: ②

10 참여 경제의 핵심 개념은 무엇인가?

① 소비자의 참여가 경제 가치에 영향을 준다
② 정부가 경제를 운영한다
③ 기업이 시장을 통제한다
④ 생산이 경제를 결정한다

정답: ①

11 플랫폼 경제의 핵심 특징은 무엇인가?

① 생산 중심 구조
② 연결 중심 구조
③ 정부 중심 구조
④ 노동 중심 구조

정답: ②

12 네트워크 효과(Network Effect)의 의미는 무엇인가?

① 참여자가 늘어날수록 가치가 증가하는 현상
② 생산량이 증가하는 현상
③ 가격이 상승하는 현상
④ 정부 규제가 강화되는 현상

정답: ①

13 데이터 경제에서 데이터의 주요 역할은 무엇인가?

① 소비 행동 분석
② 토지 관리
③ 군사 전략
④ 세금 징수

정답: ①

14 공동체 경제에서 가장 중요한 요소는 무엇인가?

① 경쟁
② 자본
③ 신뢰
④ 독점

정답: ③

15 지속 가능한 경제의 핵심 요소가 아닌 것은 무엇인가?

① 경제 발전
② 환경 보호
③ 사회적 책임
④ 시장 독점

정답: ④

16 KN541 경제 모델의 출발점은 무엇인가?

① 생산
② 자본
③ 소비
④ 유통

정답: ③

17 KN541 경제 구조의 기본 흐름은 무엇인가?

① 생산 → 소비
② 소비 → 생산
③ 정부 → 기업
④ 유통 → 생산

정답: ②

18 KN541 철학의 핵심 개념 중 하나는 무엇인가?

① 소유 없는 생산
② 독점 생산
③ 자본 중심 생산
④ 국가 중심 생산

정답: ①

19 다음 중 KN541 철학에 포함되지 않는 것은 무엇인가?

① 소유 없는 생산
② 지배 없는 발전
③ 자기 주장 없는 행동
④ 자본 독점

정답: ④

20 네트워크 경제의 핵심 자산은 무엇인가?

① 공장
② 토지
③ 연결
④ 군사력

정답: ③

21 KN541에서 소비의 의미로 가장 적절한 것은 무엇인가?

① 단순 지출
② 선택 행위
③ 구조를 만드는 행위
④ 반복 행동

정답: ③

22 KN541 구조의 출발점은 무엇인가?

① 생산
② 유통
③ 소비
④ 조직

정답: ③

23 참여가 중요한 이유는 무엇인가?

① 재미를 위해
② 구조 형성을 위해
③ 시간 활용을 위해
④ 관계 형성을 위해

정답: ②

24 다음 중 KN541 흐름으로 맞는 것은 무엇인가?

① 생산 → 소비 → 참여
② 소비 → 참여 → 생산
③ 유통 → 소비 → 생산
④ 참여 → 생산 → 소비

정답: ②

25 자가 쇼핑몰의 핵심 개념은 무엇인가?

① 판매 확대
② 개인 유통 주체화
③ 가격 경쟁
④ 브랜드 강화

정답: ②

26 사전 예약 구매의 특징은 무엇인가?

① 재고 중심
② 광고 중심
③ 수요 선행 구조
④ 유통 중심

정답: ③

27 GWC의 핵심 개념은 무엇인가?

① 소비 감소
② 소비 저장
③ 소비 자산화
④ 소비 제한

정답: ③

28 아지트의 역할로 가장 적절한 것은?

① 판매 공간
② 저장 공간
③ 참여 기반 공간
④ 물류 공간

정답: ③

29 전자오두막의 의미는 무엇인가?

① 거주 공간
② 업무 공간
③ 문화와 공동체 중심
④ 생산 공간

정답: ③

30 KN541에서 중요한 것은 무엇인가?

① 정보
② 구조
③ 속도
④ 규모

정답: ②

31 KN541 참여자의 역할은 무엇인가?

① 소비자
② 관리자
③ 구조 구성자
④ 관찰자

정답: ③

32 공동체의 본질은 무엇인가?

① 조직
② 계약
③ 연결
④ 규칙

정답: ③

33 KN541이 지향하는 것은 무엇인가?

① 성장
② 확장
③ 질서 회복
④ 경쟁

정답: ③

34 KN541에서 실행이 중요한 이유는 무엇인가?

① 속도를 위해
② 결과를 위해
③ 구조 완성을 위해
④ 비용 절감을 위해

정답: ③

35 KN541의 최종 목적은 무엇인가?

① 시장 확대
② 참여 증가
③ 창조 질서 회복
④ 시스템 구축

정답: ③

36 소비 주권 경제의 의미를 설명하시오.

모범답안

소비 주권 경제란 소비자가 단순한 구매자가 아니라 시장의 방향을 결정하는 주체가 되는 구조를 의미한다. 소비의 선택이 생산과 유통을 결정하며, 조직된 소비는 시장 권력으로 작용한다. KN541에서는 참여 기반 소비를 통해 소비자가 시장을 설계하는 중심이 된다.

37 네트워크 소비가 시장 구조에 미치는 영향을 설명하시오.

모범답안

네트워크 소비는 개별 소비를 연결하여 하나의 흐름으로 만든다. 이 연결은 규모를 형성하고, 규모는 시장에 영향을 미친다. 따라서 네트워크 소비는 가격, 유통, 생산 구조까지 변화시키는 힘을 가진다.

38 플랫폼 경제와 기존 산업 경제의 차이를 설명하시오.

모범답안

기존 산업 경제는 생산 중심 구조이며, 플랫폼 경제는 연결 중심 구조이다. 플랫폼은 참여자를 연결하고 그 연결이 가치와 시장을 만든다. KN541은 이 구조를 소비 중심으로 확장한 형태이다.

39 데이터 경제에서 소비자의 역할을 설명하시오.

데이터 경제에서 소비자는 단순 소비자가 아니라 데이터 생산자이다. 소비 행동이 데이터로 축적되고, 그 데이터가 시장을 설계한다. 따라서 소비자는 시장 구조 형성의 핵심 요소이다.

40 참여 경제의 특징을 설명하시오.

참여 경제는 소비자가 단순 이용자가 아니라 생산과 유통에 영향을 미치는 구조이다. 참여가 늘어날수록 연결이 확대되고, 그 연결이 시장을 만든다.

41 공동체 경제에서 신뢰가 중요한 이유를 설명하시오.

공동체 경제는 연결과 협력 기반 구조이기 때문에 신뢰가 핵심이다. 신뢰가 있어야 지속적인 참여와 연결이 유지되며, 구조가 안정적으로 작동한다.

42 지속 가능한 경제의 의미를 설명하시오.

지속 가능한 경제는 일회성 소비가 아니라 구조적으로 반복 가능한 경제이다. 자원 낭비를 줄이고, 참여와 순환을 기반으로 장기적으로 유지되는 경제 구조이다.

43 네트워크 효과가 플랫폼 성장에 미치는 영향을 설명하시오.

모범답안

네트워크 효과는 참여자가 늘어날수록 가치가 증가하는 구조이다. 참여 증가 → 연결 증가 → 가치 증가 → 다시 참여 증가의 선순환을 만든다.

44 KN541 경제 모델의 기본 구조를 설명하시오.

모범답안

소비 → 참여 → 생산 → 유통 → 공동체로 이어지는 흐름이며, 참여 기반 구조를 통해 시장을 형성한다.

45 소비자의 선택이 시장 구조에 영향을 미치는 사례를 설명하시오.

모범답안

특정 제품을 선택하는 소비가 반복되면 생산이 증가하고 유통이 확대된다. 이는 시장 구조 자체를 변화시킨다.

46 공동 구매 경제가 시장 구조에 미치는 영향을 설명하시오.

모범답안

공동 구매는 개별 소비를 집합화하여 규모를 만들고, 가격과 유통 구조를 변화시킨다.

47 지구 공동체 경제의 의미를 설명하시오.

국가 단위를 넘어 연결된 공동체 기반 경제로, 참여와 협력을 통해 지속 가능한 구조를 만드는 것이다.

48 KN541 철학의 세 가지 원칙을 쓰고 설명하시오.

소비 중심, 참여 기반, 공동체 확장이다. 소비가 출발점이 되고, 참여가 구조를 만들며, 공동체가 확장을 완성한다.

49 참여와 협력이 경제 시스템에서 중요한 이유를 설명하시오.

참여는 구조를 만들고 협력은 구조를 유지한다. 두 요소가 결합되어야 지속 가능한 경제가 가능하다.

50 실천리더가 KN541 문명에서 가지는 역할을 설명하시오.

실천리더는 구조를 이해하고 참여를 실행하며 공동체 형성의 기반을 만드는 역할을 수행한다.

지구사랑
(Earth Care)

KN541 시스템에서
경제 활동은 단순한 이익 창출이 아니다.

경제 활동은
지구와 공동체를 함께 생각하는 방향으로
확장될 수 있다.

그래서 KN541 시스템에서는
경제 활동의 일부가
지구사랑 활동으로 연결된다.

지구사랑은

환경 보호
생태 보전
공동체 나눔

을 의미한다.

경제 활동이
지구와 공동체에 긍정적인 영향을 줄 수 있다면
그 경제는 더 의미 있는 경제가 될 수 있다.

새로운 경제 문명의 시작

인류 문명은 언제나 변화 속에서 발전해 왔다.

농업 혁명은
정착 사회를 만들었고

산업 혁명은
대량 생산 경제를 만들었다.

그리고 지금
디지털 문명은
경제 구조를 다시 변화시키고 있다.

사람들은 서로 연결되고
정보를 공유하며
새로운 방식으로 협력하고 있다.

이러한 변화는
경제의 중심을 다시 생각하게 만든다.

경제는 누구를 위해 존재하는가?
기업을 위해 존재하는가?
자본을 위해 존재하는가?

**아니면
사람을 위해 존재하는가?**

이 질문은
새로운 경제 질서를 찾게 만든다.

KN541은
이 질문에서 출발한 하나의 시도다.

**소비자의 참여
공동체 네트워크
협력 경제**

이러한 요소들은
새로운 경제 문명의 가능성을 보여 준다.

KN541은
완성된 답이 아니라

함께 만들어 가는 경제 모델이다.

이 여정에 참여하는 모든 사람이
바로 KN541이다.

저자 감사의 글

이 책은 단순한 경제 이론서가 아닙니다.

이 책은
새로운 경제 문명을 생각하는 과정에서
많은 사람들의 고민과 질문 속에서 만들어졌습니다.

경제는
숫자만으로 설명할 수 없는 영역입니다.

경제는 사람들의 삶과 연결되어 있고
공동체의 미래와 연결되어 있습니다.

이 책을 읽는 모든 분들이
경제를 새로운 시각에서 바라보고

더 나은 공동체를 만들기 위한
작은 실천을 시작하기를 기대합니다.

이 여정에 함께하는 모든 분들께
깊은 감사의 마음을 전합니다.

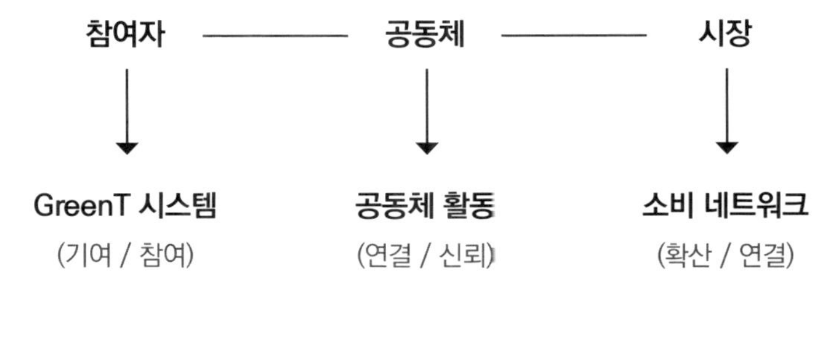

지구사랑 문명
(지속 가능 경제 / 공동체)
전자오두막 네트워크
(공동체 거점 / KN541 메카)
참여 네트워크 경제
참여자
공동체
시장
GreenT 시스템
(기여 / 참여)
공동체 활동
(연결 / 신뢰)
소비 네트워크
(확산 / 연결)

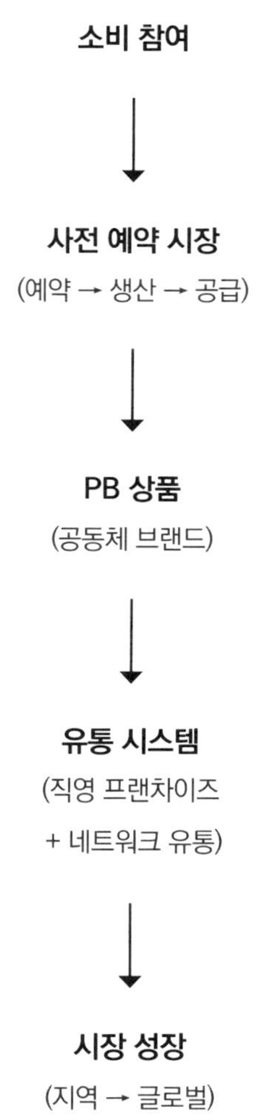
소비 참여
사전 예약 시장
(예약 → 생산 → 공급)
PB 상품
(공동체 브랜드)
유통 시스템
(직영 프랜차이즈
+ 네트워크 유통)
시장 성장
(지역 → 글로벌)

경제 활동 잉여 발생

50·40·10 구조

50% 시스템 성장 및 사업 확장
40% 참여자 및 공동체 분배
10% 최초 기여자 인센티브

GWC 시스템

(실물 경제 + 디지털 경제 연결)

KN541 핵심 철학

소유 없는 생산
지배 없는 발전
자기주장 없는 행동

KN541 시스템 핵심 흐름

소비 참여 → 예약 시장 → 생산 → 유통 → 시장 → 공동체 → 문명

즉, KN541은

경제 시스템
참여 네트워크
공동체 구조
문명 철학

이 결합된 구조

주요 메시지 정리

이 책은 다음 질문에서 출발했다.

시장은 왜 왜곡되는가?
소비자는 어떤 힘을 가지는가?
새로운 경제 구조는 가능한가?

이 질문을 통해
소비 주권 경제의 가능성을 살펴보았다.

그리고 그 흐름 속에서
KN541 경제 모델이 등장했다.